LÉON-ANTOINE DUP

CARNET DE ROUTE D'UN GOSSE DES TRANCHÉES

Aquarelles et dessins de l'auteur

Préface de Jean-Pierre Guéno

Michel Lafon

Préface

« La guerre a rendu les hommes de grands gosses et les gosses des hommes. » Léon-Antoine Dupré a 17 ans lorsqu'il s'engage volontairement, en juillet 1915. Ce fils de médecin qui endure les horreurs du front entre août 1916 et juillet 1918 n'est encore qu'un adolescent en rupture de ban qui correspond régulièrement depuis les tranchées avec ses parents et son professeur de première.

Il est à l'image des poilus de la Grande Guerre : pour celui qui voudrait composer le casting d'un film sur 14/18 ou sur le débarquement de 1944, c'est en classe de seconde, première et terminale qu'il lui faudrait chercher ses acteurs et ses figurants. À 23 ans seulement, un poilu a déjà rejoint les vétérans et aussi les « vieux » de plus de 30 ans qui, comme lui, sont des miraculés, parce qu'ils sont des survivants. Sur huit millions de poilus français mobilisés, six millions vont alourdir les chiffres et les statistiques des morts et des blessés. Que la terre leur soit légère : ils ont tellement souffert.

L'histoire vulgarisée n'a trop longtemps retenu que les têtes d'affiche pour nous raconter une guerre qui n'avait pas grand-chose à voir avec celle de ces obscurs, de ces sans-grade que furent nos grands-parents et nos ancêtres. Mais, en 1914, le peuple vient enfin d'apprendre à lire et à écrire grâce à l'école de Jules Ferry. Pour la première fois, et pendant plus de mille cinq cents jours de guerre, le peuple peut raconter son histoire à travers des lettres, des carnets, des journaux intimes rédigés dans la boue au crayon ou à la plume.

En 1949, l'année où il reçoit la Légion d'honneur, Léon-Antoine, qui ne croit toujours pas au Ciel, transcrit ses lettres des tranchées par amour pour son fils. Il calligraphie et illustre pour lui, et en fin de compte pour nous, ce *Carnet de route* afin de raconter la traversée de l'enfer qui fut celle de tous les gosses de la génération « Belle Époque » qui firent, beaucoup trop jeunes, l'expérience de la misère et de la mort.

Léon-Antoine n'a pas voulu « faire un livre ». Il n'a rien truqué, rien apprêté. Les mots fusent dans sa prose, transcrits de ses « paroles ». Ils disent ces hommes « qui sont comme des mouches », ils disent « les grands coups de torchon qui les fauchent », le sang des membres déchirés, la fraternité dans la mort, les instants d'agonie, la puanteur des cadavres, la grande barbarie de la tragédie humaine. Ils disent l'entracte trop bref des yeux de Maria, la mystérieuse fille de ferme de l'Argonne. Ils crient Berry-au-Bac, Verdun, Craonne, le Chemin des Dames. Ils chuchotent la disparition des amis : Mauriac, Guybert et tous les autres.

La mort courtise Léon-Antoine, gazé en juin 1918. Elle rôde là, tout près, à chaque seconde. Elle fauche ses compagnons, étreint son ombre mais ne le touche pas. Il n'en a pas peur. Mystère des hommes quand ils savent qu'ils vont survivre ou pressentent qu'ils vont mourir. C'est bien ce qui fait de ce carnet un chant de vie, une nouvelle « parole de poilu » comparable à celles que j'ai pu collecter depuis quinze ans. Un chant de mémoire transmis aux générations du IIIe millénaire par la volonté d'Étienne, de Sylvestre, de Violaine, de Laurent et d'Antoine Dupré, les descendants du lycéen de Laval qui portent aujourd'hui ces prénoms que ma grand-mère Clémence et mon grand-père Louis, poilu de 1914, partageaient avec les autres écoliers de leurs classes à l'aube du XXe siècle et du monde moderne.

« Il pleut, il pleut, bergère, ça fait tomber la poussière » : cette rengaine-pirouette du poilu Mauriac, gavroche du Sud-Ouest mort au champ d'horreur en 1918, nous rappelle qu'au-delà de l'écran de la bruine, de la brume ou de la poussière, près d'un million huit cent mille noms restent gravés sur la pierre de nos monuments aux morts : puissent-ils ne jamais déserter la mémoire de nos petits-enfants.

Jean-Pierre Guéno

Avant-propos

Ce *Carnet de route* n'était pas destiné, à l'origine, à être publié, puisqu'il s'agit des lettres que Léon-Antoine Dupré, notre grand-père, a écrites à ses parents, de mai 1916 à juillet 1918, depuis les fronts de l'est de la France, Verdun entre autres, et le Chemin des Dames.

Trente ans plus tard, Léon-Antoine Dupré a voulu mettre en forme ces lettres, à l'intention exclusive de son fils Jean, notre futur père. Il garantit l'absolue véracité de ces écrits, et c'est dans cette optique qu'il faut comprendre sa reprise de l'incipit de *La Porte étroite* de Gide (« l'histoire que je raconte ici, j'ai mis toute ma force à la vivre »). Au texte calligraphié avec soin, il a joint divers documents, en particulier des photographies, des aquarelles et des dessins à la plume réalisés de sa propre main.

Le propos frappe par sa gravité : loin des habituels clichés sur l'insouciance ou la naïveté des nouvelles recrues, il montre une étonnante maturité chez un soldat d'à peine vingt ans qui porte un regard toujours lucide et pondéré sur les événements, même lorsqu'il est soumis au pire, le froid, la boue, la peur, les gaz asphyxiants et l'insoutenable spectacle de la mort brutale tout autour de lui. Le jeune homme, d'ailleurs, manifeste un optimisme constant, porté par l'affection de ses parents et par l'intime certitude qu'il ne lui arrivera jamais rien, ce qui ne fut pas le cas. Il surprend aussi par son humilité, car il ne tente jamais de se mettre en valeur, et présente à plusieurs reprises ses actes de bravoure comme des gestes ordinaires.

Notre grand-père est mort il y a maintenant près de soixante ans. Ceux d'entre nous qui ont eu la chance de le connaître brièvement, alors qu'ils étaient encore tout jeunes, gardent le souvenir d'un homme plein d'humour et d'une extrême gentillesse. Lorsqu'il a écrit ces pages, il n'a jamais eu la prétention d'imiter Barbusse ou Dorgelès. Mais précisément parce qu'il ne cherchait pas à faire de la littérature, il a trouvé le ton le plus propre à restituer la vraie nature de l'expérience qu'il a vécue, et son témoignage n'en prend que plus de force. C'était la meilleure façon qu'il avait de rester vivant dans notre mémoire, et dans celle de tous les lecteurs qui prendront connaissance de ce document exceptionnel.

Étienne, Sylvestre, Violaine,
Laurent et Antoine Dupré

A mon fils chéri,

Paternellement.

C. Dupré.

Granville 23 Avril 1949.

Juillet 1915.

Celui qui n'a pas fait une attaque
d'infanterie n'a pas vu toute
l'horreur de la guerre...

« *D'autres en auraient pu faire un livre ; mais l'histoire que je raconte ici, j'ai mis toute ma force à la vivre.* »

Mauriac, mon camarade, est mort, lui !

« *J'écrirai donc très simplement mes souvenirs* – qui ne sont que la copie fidèle des lettres que j'écrivais à mes parents – *et s'ils sont en lambeaux par endroits, je n'aurai recours à aucune invention pour les rapiécer ou les joindre ; l'effort que j'apporterais à leur apprêt gênerait la dernière émotion* » qui me fait les dire.[1]

Je n'avais pas dix-huit ans quand je me suis engagé en juillet 1915, au 35e d'artillerie de campagne. Mon père avait repris du service volontairement comme médecin-major en 1914. Ma mère était infirmière. Mon frère était au front.

On m'a souvent dit : « Vous vous êtes engagé dans l'artillerie, c'était une bonne place ! »

Et pourtant mon engagement n'a pas été le calcul de tant d'intérêt : lorsque je me suis présenté à l'officier de recrutement, il m'a montré une affiche et m'a dit : « Choisissez le régiment où vous

---

1. André Gide, *La Porte étroite*.

Celui qui n'a pas fait une attaque
d'Infanterie n'a pas vu toute
l'horreur de la Guerre..........

"D'autres en auraient pu faire un li-
« vre, mais l'histoire que je raconte ici, j'ai mis
« toute ma force à la vivre »

Mauriac, mon camarade, est mort, lui !

« J'écrirai donc très simplement mes sou-
« venirs — qui ne sont que la copie fidèle des
lettres que j'écrivais à mes parents " et s'ils sont
« en lambeaux par endroits, je n'aurai recours
« à aucune invention pour les rapiécer ou les
« joindre, l'effort que j'apporterais à leur apprêt
« gênerait la dernière émotion » qui me fait
les dire.

Je n'avais pas dix huit ans quand
je me suis engagé en Juillet 1915, au 35ème d'artille-
rie de Campagne. Mon père avait repris du service vo-
lontairement comme médecin-major en 1914. Ma mère
était infirmière. Mon frère était au front.

On m'a souvent dit : « Vous vous êtes
engagé dans l'artillerie, c'était une bonne place ! »

Et pourtant mon engagement n'a pas
été le calcul de tant d'intérêt : lorsque je me suis pré-
senté à l'officier de recrutement, il m'a montré une
affiche et m'a dit : « Choisissez le Régiment où vous

voulez aller. Ceux marqués d'une croix rouge n'acceptent plus de volontaires. Choisissez donc un régiment qui n'a pas de croix. »

Je regardais cette longue liste et les noms des régiments valsaient devant mes yeux : 4e hussards, 110e d'artillerie lourde, infanterie de marine, 1er spahis... mes yeux s'arrêtèrent un instant sur ce nom : les spahis ! C'est pas mal... puis à la ligne au-dessous : 35e régiment d'artillerie de campagne « batteries volantes »... batteries volantes... des canons, des chevaux au galop... Ah ! ça doit être un beau régiment ! Et ma décision fut prise en un instant.

« Monsieur, dis-je à l'officier, je choisis les batteries volantes du 35e d'artillerie de campagne »...

Et c'est ainsi que je fus affecté à Vannes au 35e R.A.C.

....

J'écris ces mémoires trente-quatre ans après. Tout cela est loin, mais si présent, si net à ma mémoire : Mauriac mon ami, Hippolyte Guybert mon pointeur et tous les braves copains...

... Berry-au-Bac, Verdun, la ferme Hurtebise, le village Fayet, la Malmaison, les avions sur la gare... l'enthousiasme du début et la tristesse avec cet espoir de calme dès 1917 !...

....

voulez aller. Ceux marqués d'une croix rouge n'acceptent plus de volontaires. Choisissez donc un régiment qui n'a pas de croix.»

Je regardais cette longue liste et les noms des régiments valsaient devant mes yeux : 4ème Hussards, 110ème d'artillerie lourde, Infanterie de marine, 1er Spahis... mes yeux s'arrêtèrent un instant sur ce nom : les spahis ! c'est pas mal ... puis à la ligne au dessous : 35ème Régiment d'artillerie de campagne "batteries volantes".... batteries volantes ... des canons, des chevaux au galop ... ah ! ça doit être un beau régiment ! Et ma décision fut prise en un instant.

«Monsieur» dis-je à l'officier,

«Je choisis les batteries volantes du 35ème d'artillerie de campagne»....

Et c'est ainsi que je fus affecté à Vannes au 35ème R.A.C.

- -

J'écris ces mémoires trente quatre ans après. Tout cela est bien loin, mais si présent, si net à ma mémoire : Mauriac mon ami, Hippolyte Guybert mon pointeur et tous les braves copains....

.......Berry au Bac, Verdun, la Ferme Hurtebise le village Fayet, la Malmaison, les avions sur la gare ... l'enthousiasme du début et la tristesse avec cet espoir du calme dès 1917 ! .....

- -

Que ces quelques pages, mon enfant, ne te fassent pas regretter de n'être pas parti volontaire en 1944.

Si je n'ai pas voulu, si j'ai mis toute mon autorité à briser tes projets, c'est que je ne voulais pas que tu voies la Misère et la Mort trop vite.

Ton état de santé ne permettait pas de faire plus que tu n'as fait et pourtant tu as fait plus que tu ne devais.

Et plus tard, au cours de ta carrière, tu auras le temps de voir la Misère et la Mort.

Écrit à Granville, le soir.

MCMXLIX

Que ces quelques pages, mon enfant, ne te fassent pas regretter de n'être pas parti volontaire en 1944.

Si je n'ai pas voulu, si j'ai mis toute mon autorité à briser tes projets, c'est que je ne voulais pas que tu voies la Misère et la Mort trop vite. Ton état de santé ne permettait pas de faire plus que tu n'as fait et pourtant tu as fait plus que tu ne devais.

Et plus tard, au cours de ta carrière, tu auras le temps de voir la Misère et la Mort. –

Écrit à Granville, le soir.

MCMXLIX

Au quartier à Vannes.

8 mai 1916. Hier dimanche, nous avons été, le maréchal des logis Boulitrop et mon camarade Brault, nous promener à L'Île-aux-Moines.

Nous avions loué un bateau à voiles et nous avons mangé là-bas. Partis à onze heures du matin pour revenir à onze heures du soir, sans permission ! Nous allons peut-être être pincés mais il ne faut pas s'en faire... Nous avons passé un bon dimanche et c'est rare à Vannes.

Je prends la garde aujourd'hui. J'y étais déjà samedi. Il n'y a plus /...

ORANGE. L'arc de Triomphe.

Au quartier à Vannes.

8 mai 1916. Hier Dimanche nous avons été, le Maréchal-des-Logis Boulitrop et mon camarade Brault nous promener à l'Ile-au Moines.

Nous avions loué un bateau à voiles et nous avons mangé là-bas. Partis à onze heures du matin pour revenir à onze heures du soir, sans permission ! Nous allons peut être être pincés mais il ne faut pas s'en faire.... nous avons passé un bon dimanche et c'est rare à Vannes.

Je prends la garde aujourd'hui. J'y étais déjà Samedi. Il n'y a plus d'hommes au quartier.

9 mai 1916. Ordre de route pour Orange.

17 mai 1916. Il y a huit jours je partais à Orange en convoi de chevaux. Me voilà revenu de ce magnifique voyage. Je suis fatigué. Pour aller, nous sommes passés par Angers, Tours, Moulins, Bourges, Vierzon, Valence. Trois jours et trois nuits de voyage. Nous sommes arrivés à Orange à neuf heures du soir. Nous avons couché à la gare, dans nos wagons « Hommes 40 – chevaux en long 8 » et nous débarquions nos chevaux à cinq heures du matin. On les a menés au 55e d'artillerie où il y en a déjà sept mille ! On en attend encore autant. C'est pour l'armée serbe, dit-on.

Il y a d'ailleurs beaucoup d'officiers et soldats serbes ici.

La ville d'Orange n'est pas grande. Il y a un superbe et fameux théâtre antique. Cent trois mètres de long sur trente-cinq mètres de haut, puis un grand et magnifique arc de triomphe.

Derrière ce théâtre antique s'élève une lumineuse colline, où l'on voit les vestiges de l'ancienne ville. Là-haut, on a élevé dernièrement une statue représentant la Vierge avec cette inscription : *Posuerunt me custodem*.

De là-haut on domine toute la ville. Rien que des petites maisons à deux étages, coquettement construites et toutes couvertes de /...

d'hommes au quartier.

9 mai 1916. Ordre de route pour Orange.

17 mai 1916. Il y a huit jours je partais à Orange en convoi de chevaux. Me voilà revenu de ce magnifique voyage. Je suis fatigué. Pour aller, nous sommes passés par Angers, Tours, Moulins, Bourges, Vierzon, Valence. Trois jours et trois nuits de voyage. Nous sommes arrivés à Orange à neuf heures du soir. Nous avons couché à la gare, dans nos wagons "Hommes 40 - chevaux en long 8" - et nous débarquions nos chevaux à cinq heures du matin. On les a menés au 55ème d'artillerie où il y en a déjà sept mille ! On en attend encore autant. C'est pour l'armée Serbe, dit-on.

Il y a d'ailleurs beaucoup d'officiers et soldats serbes ici.

La ville d'Orange n'est pas grande. Il y a un superbe et fameux théâtre antique. Cent trois mètres de long sur trente cinq mètres de haut, puis un grand et magnifique arc de Triomphe.

Derrière ce théâtre antique s'élève une lumineuse colline, où l'on voit les vestiges de l'ancienne ville. Là haut, on a élevé dernièrement une statue représentant la Vierge avec cette inscription : "Posuerunt me custodem" -

De là haut on domine toute la ville. Rien que des petites maisons à deux étages, coquettement construites et toutes couvertes de

Pièce camouflée août 1916

tuiles blanches groupées autour d'une vieille église. Au fond de ce décor, enfoui dans les arbres, on aperçoit l'arc de triomphe, chef-d'œuvre d'architecture. Puis plus loin, à l'horizon s'élèvent dans le ciel très bleu, les premiers contreforts des Alpes.

J'ai vu Bourges, ville de passage avec beaucoup de femmes et beaucoup de soldats de toutes armes et de toutes nationalités.

26 mai 1916. J'ai été vacciné aujourd'hui pour la deuxième fois. J'ai mal à l'épaule, c'est pourquoi j'ai été désigné de garde à l'arsenal ! J'ai reçu un billet de vingt francs de mes parents, cela m'a fait bien plaisir.

5 juin 1916. Me voilà revenu de Paris où j'étais en permission. Le voyage m'a coûté de Paris à Vannes sept francs vingt, le wagon-restaurant cinq francs, il ne me reste plus que vingt-six francs. Je suis fatigué et pour me remettre, en rentrant au quartier ce matin à six heures et demie on nous a fait monter à cheval.

15 juin 1916. Aujourd'hui nous sommes allés au camp de Meucon aux écoles à feu. Nous avons tiré soixante-quatre obus. C'est un commencement. J'espère en tirer bientôt contre les Boches. On a avancé l'heure. Ce soir nous n'allumerons pas la lampe pour nous coucher.

16 juin 1916. Je viens encore de recevoir vingt francs de la maison. On va pouvoir faire la fête. J'ai l'air d'un blessé de guerre car ce matin je me suis coupé profondément à l'index droit en faisant

tuiles blanches, groupées autour d'une vieille église. au fond de ce décor, enfoui dans les arbres, on aperçoit l'arc de Triomphe, chef d'œuvre d'architecture. Puis plus loin, à l'horizon s'élève dans le ciel très bleu, les premiers contreforts des alpes.

J'ai vu Bourges, ville de passage avec beaucoup de femmes et beaucoup de soldats de toutes armes et de toutes nationalités.

26 mai 1916 - J'ai été vacciné aujourd'hui pour la deuxième fois. J'ai mal à l'épaule, c'est pourquoi j'ai été désigné de garde à l'arsenal ! J'ai reçu un billet de vingt francs de mes parents, cela m'a fait bien plaisir.

5 Juin 1916. me voilà revenu de Paris où j'étais en permission. Le voyage m'a coûté de Paris à Vannes sept francs vingt, le wagon-restaurant cinq francs, il ne me reste plus que vingt six francs. Je suis fatigué et pour me remettre, en rentrant au quartier ce matin à six heures et demie on nous a fait monter à cheval.

15 juin 1916 - Aujourd'hui nous sommes allés au camp de Meucon aux écoles à feu. Nous avons tiré soixante quatre obus. C'est un commencement. J'espère en tirer bientôt contre les Boches. On a avancé l'heure. Ce soir nous n'allumerons pas la lampe pour nous coucher.

16 Juin 1916. Je viens encore de recevoir vingt francs de la maison. On va pouvoir faire la fête. J'ai l'air d'un blessé de guerre car ce matin je me suis coupé profondément à l'index droit en faisant

un trou avec mon couteau dans une étrivière, et j'ai un gros pansement. L'autre jour c'était mon cheval qui s'était emballé et il m'a fait faire trois kilomètres au triple galop et deux jours de consigne en rentrant !

3 juillet 1916. Je suis dévoré par les punaises, c'est effrayant, elles me piquent partout. Je croyais avoir la rougeole. Il fait une chaleur étouffante et cela augmente les démangeaisons de se trouver dans la poussière des chevaux et du foin.

13 juillet 1916. Demain 14 juillet. Revue, défilé. Les bleus défileront en bleu horizon avec le casque. Aujourd'hui donc astiquage et répétition des trompettes. Le brigadier-trompette est un original, quand il joue de la trompette il ne peut pas marcher droit et pousse tous les autres à gauche. Quelle rigolade !

En ce moment, je suis au café – au café de la Paix. Quel beau nom tout à fait de circonstance ! Il vient d'entrer à l'instant un jeune brigadier de la classe 15. Il est resté dix jours au front. Quatre hommes tués autour de lui. Lui seul est resté vivant. Il a l'air à moitié fou.

On va partir d'un jour à l'autre au front. Je suis heureux. On a demandé des volontaires pour les renforts. Je me suis fait inscrire.

17 juillet 1916. Rien de nouveau. Nous ne savons pas encore quand nous partirons. /...

un trou avec mon couteau dans une étrivière, et j'ai un gros pansement. L'autre jour c'était mon cheval qui s'était emballé et il m'a fait faire trois kilomètres au triple galop et deux jours de consigne en rentrant!

3 juillet 1916. Je suis dévoré par les punaises c'est effrayant, elles me piquent partout. Je croyais avoir la rougeole. Il fait une chaleur étouffante et cela augmente les démangeaisons de se trouver dans la poussière des chevaux et du foin.

13 juillet 1916. Demain 14 juillet - Revue, défilé - Les bleus défileront en bleu horizon avec le casque. Aujourd'hui donc astiquage et répétition des trompettes. Le brigadier-trompette est un original, quand il joue de la trompette il ne peut pas marcher droit et pousse tous les autres à gauche quelle rigolade!

En ce moment je suis au Café - au café de la Paix. Quel beau nom tout à fait de circonstance! Il vient d'entrer à l'instant un jeune brigadier de la classe 15. Il est resté dix jours au front - quatre hommes tués autour de lui. Lui seul est resté vivant. Il a l'air à moitié fou.

On va partir d'un jour à l'autre au front je suis heureux. On a demandé des volontaires pour les renforts - Je me suis fait inscrire.

17 juillet 1916. Rien de nouveau. Nous ne savons pas encore quand nous partirons.

Je voudrais bien partir. Je me suis engagé pour aller à la guerre et non pour rester au quartier.

22 juillet 1916. Il paraît que l'on va partir dans huit jours. Mais ce sont des bruits, toujours des bruits. Mon uniforme bleu horizon se couvre de plus en plus de poussière sur mon paquetage.

26 juillet 1916. Il est arrivé aujourd'hui trois cents chevaux argentins non dressés naturellement. Il vaut mieux que l'on s'en aille tout de suite parce qu'il faudrait encore les dresser et les argentins sont plus terribles que les canadiens.

Je voudrais bien partir. Je me suis engagé pour aller à la guerre et non pour rester au Quartier

22 juillet 1916. Il paraît que l'on va partir dans huit jours. Mais ce sont des bruits toujours des bruits. Mon uniforme bleu-horizon se couvre de plus en plus de poussière sur mon paquetage.

26 juillet 1916. Il est arrivé aujourd'hui trois cents chevaux argentins non dressés naturellement. Il vaut mieux que l'on s'en aille tout de suite parce qu'il faudrait encore les dresser et les Argentins sont plus terribles que les Canadiens.

On couche sur la terre .... Mars 1917

Départ et arrivée au front.

28 juillet 1916. Nous partons aujourd'hui au front. Enfin !...

J'ai envoyé une dépêche à mes parents...

29 juillet 1916. Il fait une chaleur épouvantable. Nous sommes partis du quartier à midi et demi sous un soleil de plomb avec une centaine de chevaux en renfort.

Après l'embarquement des chevaux, on nous a groupés par quatre et /...

Embarquement des chevaux.

Départ et arrivée au Front.

28 Juillet 1916. Nous partons aujourd'hui au Front. Enfin !.....

J'ai envoyé une dépêche à mes parents..................................

29 juillet 1916. Il fait une chaleur épouvantable. Nous sommes partis du quartier à midi et demi sous un soleil de plomb avec une centaine de chevaux en renfort.

Après l'embarquement des chevaux, on nous a groupés par quatre et nous étions quatre par wagons avec huit chevaux « en long ».

Pendant tout le voyage, nous avons chanté. À la gare où nous avons débarqué, il a fallu faire boire les chevaux. Nous avons fait plus de trois kilomètres dans la poussière pour trouver un pauvre ruisseau où les chevaux n'ont pas voulu boire. Alors, il a fallu aller à la grande rivière et monter sur les chevaux pour les conduire dans l'eau. Mais ils aimaient bien cela et ils s'élançaient à la nage. Naturellement on a eu les jambes trempées. De là, nous sommes repartis par la route, à cheval, sans selle, une simple couverture et une sous-ventrière, avec tout notre équipement : casque, capote roulée sur le dos, revolver, musettes, bidon, boîte à masque, sabre, toile de tente, le sac d'artilleur, pesant environ vingt kilos, suivant le chargement, en bandoulière. Ma culotte me collait aux fesses par la sueur du cheval passant au travers de la couverture. J'étais exténué. À moitié chemin, dans un petit village on nous a distribué du « coco ». C'était bon ! À la nuit, nous sommes arrivés à l'échelon du régiment. Nous avions parcouru quatorze kilomètres. Il a fallu répartir les chevaux dans les différents groupes. Tout était fini à minuit. On m'a mené dans un gourbi, je ne sais où. J'ai dormi sur une paillasse jusqu'au lendemain matin, comme un homme ivre...

nous étions quatre par wagons avec huit chevaux "en long".

Pendant tout le voyage nous avons chanté. A la gare où nous avons débarqué, il a fallu faire boire les chevaux. Nous avons fait plus de trois kilomètres dans la poussière pour trouver un pauvre ruisseau où les chevaux n'ont pas voulu boire. Alors, il a fallu aller à la grande rivière et monter sur les chevaux pour les conduire dans l'eau. Mais ils aimaient bien cela et ils s'élançaient à la nage. Naturellement on a eu les jambes trempées. De là, nous sommes repartis par la route, à cheval, sans selle, une simple couverture et une sous-ventrière, avec tout notre équipement : casque, capote roulée sur le dos, révolver, musettes, bidon, boite à masque,salere, toile de tente, le sac d'artilleur, pesant environ vingt kilos, suivant le chargement, en bandoulière. Ma culotte me collait aux fesses par la sueur du cheval passant au travers de la couverture. J'étais exténué. A moitié chemin, dans un petit village on nous a distribué du "Coco". C'était bon! A la nuit, nous sommes arrivés à l'échelon du Régiment. Nous avions parcouru quatorze kilomètres. Il a fallu répartir les chevaux dans les différents groupes. Tout était fini à minuit. On m'a mené dans un gourbi, je ne sais où. J'ai dormi sur une paillasse jusqu'au lendemain matin, comme un homme ivre..................

1er août 1916. Il y a deux jours que je suis ici à l'échelon au 35e, au front, à Jonchery dans la Marne. Nous sommes dans un bois et plusieurs petits villages nous environnent. Je suis désillusionné. C'est ça la guerre ? Nous sommes, je crois, dans un secteur très calme. On entend très peu le canon. Tous mes camarades sont dispersés. Les uns sont au 1er groupe, les autres au 3e et les groupes sont très éloignés les uns des autres, c'est-à-dire que nous ne nous reverrons jamais. C'est bête.

7 août 1916. Ce soir nous partons deux camarades et moi à la batterie de tir pour être présentés au capitaine Lacassin, commandant la première batterie. C'est un homme énergique et d'une grande bravoure, paraît-il. Il m'a demandé beaucoup de renseignements sur ma famille. Après cela, il a renvoyé mes deux camarades à l'échelon comme conducteurs et m'a gardé à la batterie de tir comme téléphoniste. Je préfère être ici qu'à l'échelon. À l'échelon, c'est comme au quartier, les chevaux, le crottin, les corvées, etc.

Nous sommes en position dans un petit bois, « le bois Carré » en face de la « cote 108 » à Berry-au-Bac, à douze cents mètres environ des premières lignes allemandes. Mon occupation sera, paraît-il, de réparer les lignes téléphoniques coupées. Je ne sais pas encore de quoi il s'agit exactement. Il fait nuit.

1er Août 1916. Il y a deux jours que je suis ici à l'échelon au 35ème, au front, à Jonchery dans la Marne. Nous sommes dans un bois et plusieurs petits villages nous environnent. Je suis désillusionné. C'est ça la guerre? Nous sommes, je crois, dans un secteur très calme. On entend très peu le canon. Tous mes camarades sont dispersés. Les uns sont au 1er Groupe les autres au 3ème et les groupes sont très éloignés les uns des autres, c'est à dire que nous ne nous reverrons jamais. C'est bête.

7 août 1916. Ce soir nous partons deux camarades et moi à la Batterie de tir pour être présentés au Capitaine Lacassin, commandant la première Batterie. C'est un homme énergique et d'une grande bravoure, paraît-il. Il m'a demandé beaucoup de renseignements sur ma famille. Après cela, il a renvoyé mes deux camarades à l'échelon comme conducteurs et m'a gardé à la Batterie de tir comme téléphoniste. Je préfère être ici qu'à l'échelon. A l'échelon c'est comme au quartier, les chevaux, le crottin, les corvées etc.

Nous sommes en position dans un petit bois, "le bois Carré" en face de la "Côte 108" à Berry au Bac, à douze cents mètres environ des premières lignes allemandes. Mon occupation sera, paraît-il, de réparer les lignes téléphoniques coupées. Je ne sais pas encore de quoi il s'agit exactement. Il fait nuit.

Je crois qu'il est deux heures du matin. Je n'ai pas de montre. Les camarades dorment. J'écris à la lueur d'une bougie. Tout est bien calme. Quelques éclatements d'obus très loin. J'ai envie de dormir. Je vais réveiller le camarade qui doit prendre la garde à ma place au téléphone. C'est bien son tour. J'y suis depuis neuf heures du soir, hier. Mais je l'ai bien voulu puisque je voulais écrire...

Je crois qu'il est deux heures du matin. Je n'ai pas de montre. Les camarades dorment J'écris à la lueur d'une bougie. Tout est bien calme. Quelques éclatements d'obus très loin. J'ai envie de dormir. Je vais réveiller le camarade qui doit prendre la garde à ma place au téléphone. C'est bien son tour. J'y suis depuis neuf heures du soir, hier. Mais je l'ai bien voulu puisque je voulais écrire ....

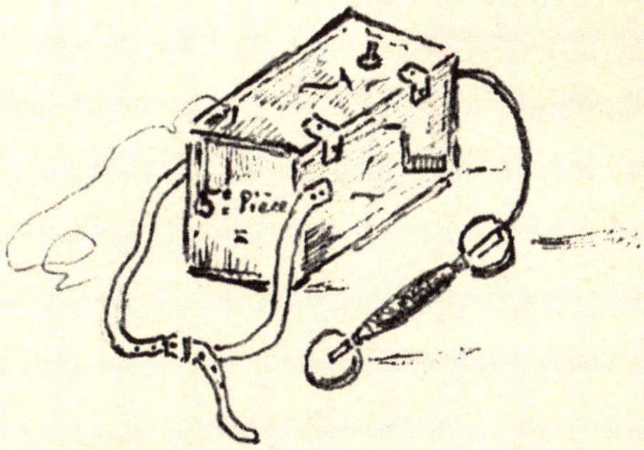

Ici, pour moi, commence la guerre.
Les premiers obus. Le premier mort…

10 août 1916. Le secteur est calme. Le capitaine Lacassin se promène à travers le bois. Quelle belle tête au regard sévère ! Personne ne l'a jamais vu rire et tout le monde l'aime.

Je viens de recevoir un colis de mes parents, le premier. Il y a dedans des boîtes de pâté et des bonbons acidulés. Je vais le partager avec les camarades.

Il est maintenant trois heures du matin. Je suis encore de garde au téléphone. Il y a un instant le capitaine m'a téléphoné brusquement et m'a commandé : « Barrage ! Réveillez tout /…

Poste d'observation devant la côte 108.

Ici, pour moi, commence la guerre.
Les premiers obus. Le premier mort....

10 août 1916. Le secteur est calme. Le Capitaine Lacassin se promène à travers le bois. Quelle belle tête au regard sévère. Personne ne l'a jamais vu rire et tout le monde l'aime.

Je viens de recevoir un colis de mes parents, le premier. Il y a dedans des boites de pâté et des bonbons acidulés. Je vais le partager avec les camarades.

Il est maintenant trois heures du matin. Je suis encore de garde au téléphone. Il y a un instant le Capitaine m'a téléphoné brusquement et m'a commandé : « Barrage ! Réveillez tout, le monde, sortez vite de votre abri et criez très fort : Barrage, barrage ! Dépêchez-vous. »

J'ai exécuté l'ordre le plus vite possible. Mon cœur battait un peu, j'ai secoué tout le monde dans l'abri. J'ai escaladé le petit escalier et une fois dehors, en pleine nuit, j'ai crié, j'ai crié comme un fou :

« Barrage ! Barrage ! »

Cela n'a pas été long. Aussitôt, de terre, les servants sont sortis comme des rats. Ils se sont précipités à leur pièce et ont tiré aussitôt vingt coups par pièce. Quel bruit dans la nuit ! Il paraît que les Boches voulaient faire un coup de main. Qu'est-ce qu'ils ont dû prendre !

11 août 1916. Les Boches ne tirent pas beaucoup. Ils gaspillent leurs munitions à tirer contre les avions. Aujourd'hui ils ont tiré sur un de nos avions juste au-dessus de la batterie, plus de soixante coups sans l'atteindre. Ce n'est pas très prudent de regarder ces tirs-là, car les culots d'obus peuvent vous tomber sur la tête.

Les Boches viennent de tirer sur notre position cinq « 77 ». Ils ont passé en miaulant au-dessus de nous et ont éclaté à trente mètres. Tout le monde était dehors à la batterie. Comme un seul homme tout le monde s'est aplati par terre. Les éclats ont passé avec un bruit de guêpe au-dessus de nous.

tout le monde, sortez vite de votre abri et criez très fort : barrage, barrage ! dépêchez vous. »

J'ai exécuté l'ordre le plus vite possible. Mon cœur battait un peu. J'ai secoué tout le monde dans l'abri. J'ai escaladé le petit escalier et une fois dehors, en pleine nuit, j'ai crié, j'ai crié comme un fou :

" Barrage ! Barrage ! "

Cela n'a pas été long. Aussitôt, de terre les servants sont sortis comme des rats. Ils se sont précipités à leur pièce et ont tiré aussitôt vingt coups par pièce. Quel bruit dans la nuit ! Il paraît que les Boches voulaient faire un coup de main. Qu'est-ce qu'ils ont dû prendre !

11 août 1916. Les Boches ne tirent pas beaucoup. Ils gaspillent leurs munitions à tirer contre les avions. Aujourd'hui ils ont tiré sur un de nos avions juste au dessus de la Batterie, plus de soixante coups sans l'atteindre. Ce n'est pas très prudent de regarder ces tirs là, car les culots d'obus peuvent vous tomber sur la tête.

Les Boches viennent de tirer sur notre position cinq "77". Ils ont passé en miaulant au dessus de nous et ont éclaté à trente mètres. Tout le monde était dehors à la Batterie. Comme un seul homme tout le monde s'est aplati par terre. Les éclats ont passé avec un bruit de guêpe au dessus de nous.

Pas de blessés. Je n'ai pas encore vu de blessés.

12 août 1916. Une heure du matin. Toujours au téléphone. Les Boches nous marmitent un peu. Mais leurs coups sont toujours trop longs. Nous sommes, d'ailleurs, très bien dans l'abri.

Cet après-midi un « 105 » est tombé dans le boyau d'où partent toutes nos lignes téléphoniques. Il y avait trois lignes coupées. Nous sommes allés les réparer.

17 août 1916. Je viens de recevoir encore un colis de la maison, contenant des petits-beurre. Je ne manque de rien ! Mon oncle m'a envoyé, l'autre jour, un stylo et deux livres de chocolat. Je ne manque de rien !

Les Boches n'ont pas l'air aussi calmes que ces jours derniers. Quelques obus de gros calibre sont tombés près de notre position, dans le ravin devant nous. Le capitaine Lacassin a l'air inquiet. Peut-être sommes-nous repérés.

Ce soir je monte aux tranchées en première ligne avec les fantassins, à l'observatoire.

J'accompagne le sous-officier agent de liaison.

Tous les quatre jours, le maréchal des logis Le Brix, un Breton, monte en ligne au poste d'observation d'infanterie pour signaler les points intéressants où notre batterie doit tirer. Il est toujours accompagné d'un téléphoniste.

Pas de blessés. Je n'ai pas encore vu de blessés.

12 août 1916. Une heure du matin. Toujours au téléphone. Les Boches nous marmitent un peu. Mais leurs coups sont toujours trop longs. Nous sommes, d'ailleurs très bien dans l'abri.

Cet après-midi un "105" est tombé dans le boyau d'où partent toutes nos lignes téléphoniques. Il y avait trois lignes coupées. Nous sommes allés les réparer.

17 août 1916. Je viens de recevoir encore un colis de la maison, contenant des petits beurre. Je ne manque de rien! Mon oncle m'a envoyé, l'autre jour, un stylo et deux livres de chocolat. ~~Je ne manque de rien!~~

Les Boches n'ont pas l'air aussi calmes que ces jours derniers. Quelques obus de gros calibre sont tombés près de notre position, dans le ravin devant nous. Le capitaine Lacassin a l'air inquiet - Peut être sommes nous repérés!

Ce soir je monte aux tranchées en première ligne avec les fantassins, à l'observatoire. J'accompagne le sous-officier agent de liaison.

Tous les quatre jours, le Maréchal des logis Le Brix, un Breton, monte en lignes au poste d'observation d'Infanterie pour signaler les points intéressants où notre Batterie doit tirer. Il est toujours accompagné d'un téléphoniste.

Aujourd'hui, ce sera moi. C'est la première fois. Il paraît que les premières lignes françaises sont très près des lignes allemandes. Je vais peut-être voir des Boches. Nous partons ce soir à dix heures.

22 août 1916. Me voilà revenu à la batterie de tir après quatre jours aux tranchées. Les Boches ont été très gentils, les fantassins français aussi !

Après avoir marché pendant un temps interminable dans les boyaux, nous sommes arrivés aux premières lignes. Je ne sais pas comment le maréchal des logis a pu reconnaître son chemin. On a tourné, viré, pris un boyau à droite, l'autre à gauche, en pleine nuit en s'éclairant de temps en temps avec une lampe électrique pour voir les points de repère et en mettant le casque sur la lampe pour ne pas faire trop de lumière.

« Alors, ça va ? » me disait de temps en temps Le Brix qui marchait bon train devant moi, et je le suivais très près derrière pour ne pas le perdre !

« Attention aux fils téléphoniques ! »

J'enjambe, mais je ne vois rien, je tombe.

« Alors, ça va, petit ? »

« Oui, oui. »

On a bien fait deux kilomètres avec les détours et je suis fatigué déjà.

Aujourd'hui ce sera moi. C'est la première fois. Il paraît que les premières lignes françaises sont très près des lignes allemandes. Je vais peut être voir des Boches. Nous partons ce soir à dix heures.

22 août 1916. Me voilà revenu à la batterie de tir après quatre jours aux tranchées. Les Boches ont été très gentils, les fantassins français aussi!

Après avoir marché pendant un temps interminable dans les boyaux, nous sommes arrivés aux premières lignes. Je ne sais pas comment le maréchal des logis a pu reconnaître son chemin. On a tourné, viré, pris un boyau à droite, l'autre à gauche, en pleine nuit en s'éclairant de temps en temps avec une lampe électrique pour voir les points de repère et en mettant le casque sur la lampe pour ne pas faire trop de lumière.

"Alors ça va!" me disait de temps en temps le Brit qui marchait bon train devant moi, et je le suivais très près derrière pour ne pas le perdre!

"Attention aux fils téléphoniques!"

J'enjambe, mais je ne vois rien, je tombe.

"Alors ça va, petit?"

"Oui, oui"

On a bien fait deux kilomètres avec les détours et je suis fatigué déjà.

Et puis j'ai mon rouleau de couvertures attaché avec des ficelles qui me fait mal à l'épaule. Le boyau est étroit et le rouleau tape d'un côté et de l'autre.

On arrive.

« Pas de bruit, ou sans cela on va se faire engueuler par les biffins », me dit à voix basse Le Brix.

Je ne parle pas. C'est bien plus simple.

« Alors, c'est vous les artilleurs », une ombre a parlé dans le boyau.

« Oui mon lieutenant », répond Le Brix.

« Bon, allez vous coucher, on ne voit rien cette nuit à l'observatoire. Pourquoi vous envoie-t-on à cette heure-ci ? »

« Je ne sais pas, mon lieutenant. »

« Bon, eh bien ! bonsoir. »

« Bonsoir, mon lieutenant. »

Je n'ai rien dit, mais quelle drôle de réception !

Le Brix m'appelle :

« Par ici, c'est là qu'on pieute. »

Je descends dans un trou par un escalier en bois, je crois. Je ne vois rien, mais rien. Je tâte les côtés pour ne pas tomber. L'air sent le moisi et l'urine. Enfin on arrive au fond du trou. Il y a quelques hommes qui jouent aux cartes à la lueur d'une bougie plantée dans une bouteille.

Et puis j'ai mon rouleau de couvertures attaché avec des ficelles qui me fait mal à l'épaule. Le boyau est étroit et le rouleau tape d'un côté et de l'autre.

On arrive.

« Pas de bruit, ou sans cela on va se faire engueuler par les biffins » me dit à voix basse Le Brix.

Je ne parle pas. C'est bien plus simple.

« Alors, c'est vous les artilleurs » une ombre a parlé dans le boyau.

« Oui mon lieutenant » répond Le Brix.

« Bon, allez vous coucher, on ne voit rien cette nuit à l'observatoire. Pourquoi vous envoie-t-on à cette heure-ci ? »

« Je ne sais pas, mon lieutenant »

« Bon, eh bien ! bonsoir »

« Bonsoir, mon lieutenant »

Je n'ai rien dit mais quelle drôle de réception !

Le Brix m'appelle :

« Par ici c'est là qu'on pieute »

Je descends dans un trou par un escalier en bois, je crois. Je ne vois rien, mais rien. Je tâte les côtés pour ne pas tomber. L'air sent le moisi et l'urine. Enfin on arrive au fond du trou. Il y a quelques hommes qui jouent aux cartes à la lueur d'une bougie plantée dans une bouteille.

« Ah ! voilà les artilleurs. Bonjour les gars. »

Ils ont l'air de bons types, ces cinq ou six fantassins.

« T'as l'air éreinté, toi le bleu ? »

Effectivement, je suis las.

« Va te pieuter sur ma paillasse. J'prends la garde au créneau tout à l'heure jusqu'à demain matin, alors j'vas pas me coucher dessus. »

J'accepte avec plaisir. Je me débarrasse de tout mon barda que consciencieusement je n'ai pas quitté depuis bientôt deux heures. Je dors.

Le lendemain matin, j'ai pris la garde au créneau où sont installés la jumelle à ciseaux et le téléphone qui communique avec la batterie.

Je sonne la batterie pour voir si tout marche bien. Oui, tout est en ordre. Tant mieux, parce que je ne sais pas comment j'aurais retrouvé le chemin que j'ai parcouru cette nuit.

Le secteur est très calme. On voit très bien les lignes allemandes. Elles sont à deux cents mètres. De temps en temps, un coup de fusil ou quelques tac-tac de mitrailleuses, secs comme le bruit d'une noix que l'on casse. C'est tout. Mes quatre jours et mes quatre nuits se seront passés ainsi dans le calme. La dernière fois que je suis allé au créneau, j'ai vu à dix-sept kilomètres de là environ des Boches en train de faire la moisson. Ils ne se cachent pas beaucoup. On les voyait très

"Ah! voilà les artilleurs. Bonjours les gars!"

Ils ont l'air de bons types ces cinq ou six fantassins.

"T'as l'air éreinté, toi le bleu?"

Effectivement je suis las.

"Va te pieuter sur ma paillasse. J'prends la garde au créneau tout à l'heure jusqu'à demain matin, alors j'va pas me coucher dessus."

J'accepte avec plaisir. Je me débarrasse de tout mon barda que consciencieusement je n'ai pas quitté depuis bientôt deux heures. Je dors.

Le lendemain matin j'ai pris la garde au créneau où ~~est installés~~ sont installés la jumelle à ciseaux et le téléphone qui communique avec la Batterie. Je sonne la Batterie pour voir si tout marche bien. Oui, tout est en ordre. Tant mieux, parce que je ne sais pas comment j'aurais retrouvé le chemin que j'ai parcouru cette nuit.

Le secteur est très calme. On voit très bien les lignes allemandes. Elles sont à deux cents mètres. De temps en temps un coup de fusil ou quelques tac-tac de mitrailleuses, secs comme le bruit d'une noix que l'on casse. C'est tout. Mes quatre jours et mes quatre nuits se seront passés ainsi dans le calme. La dernière fois que je suis allé au créneau, j'ai vu à dix sept kilomètres de là environ, des Boches en train de faire la moisson. Ils ne se cachent pas beaucoup. On les voyait très nettement battre le blé. Non loin d'eux, près d'une route, il y avait une machine à battre et sur la route cinq grandes fourragères. Il y avait des femmes avec eux. Avec une pièce de marine on pourrait facilement les atteindre. Mais on ne le fait pas. Ils doivent d'ailleurs en voir autant de notre côté, car chez nous à dix-sept kilomètres de là il y a encore des civils.

Nous sommes dévorés par les moustiques. C'est un ennemi terrible, et puis il y a aussi de gros cafards qui sentent mauvais quand on les écrase et puis de grandes araignées, et puis les Boches en face !

23 août 1916. Je viens de recevoir une lettre de chez nous et un mandat de trente francs. Je n'ai pas besoin d'argent.

Ce soir on entend beaucoup les mitrailleuses ennemies et il ne fait pas bon se promener dans le bois, car les balles viennent jusqu'ici… pss… fioc… pss… fioc… dans les arbres. Cela fait drôle.

Je suis de garde au téléphone jusqu'à minuit. Je vais pouvoir dormir de minuit à demain matin sans être réveillé.

24 août 1916. Je n'ai pas dormi toute la nuit. Vers deux heures on m'a secoué.

« Allez, oust ! Tout le monde à son poste. »

« Allô ! Allô… le commandant du 2e bataillon du 62e d'infanterie demande un tir sur un groupe de travailleurs, sur le point 362. »

« Quatrième pièce, à vos postes ! Par quatre, /…

nettement battre le blé. Non loin d'eux, près d'une route, il y avait une machine à battre et sur la route cinq grandes fourragères. Il y avait des femmes avec eux. Avec une pièce de marine on pourrait facilement les atteindre. Mais on ne le fait pas. Ils doivent d'ailleurs en voir autant de notre côté, car chez nous à dix-sept kilomètres de là il y a encore des civils.

Nous sommes dévorés par les moustiques. C'est un ennemi terrible, et puis il y a aussi de gros cafards qui sentent mauvais quand on les écrase et puis de grandes araignées, et puis les Boches en face !

23 août 1916. Je viens de recevoir une lettre de chez nous et un mandat de trente francs. Je n'ai pas besoin d'argent.

Ce soir on entend beaucoup les mitrailleuses ennemies et il ne fait pas bon se promener dans le bois, car les balles viennent jusqu'ici ... pss ... fioc ... pss- ... fioc .. dans les arbres. Cela fait drôle.

Je suis de garde au téléphone jusqu'à minuit. Je vais pouvoir dormir de minuit à demain matin sans être réveillé.

24 août 1916. Je n'ai pas dormi toute la nuit. Vers deux heures on m'a secoué.

" Allez, oust ! Tout le monde à son poste "

" Allô ! Allô ... le Commandant du 2ème Bataillon du 62ème d'Infanterie demande un tir sur un groupe de travailleurs, sur le point 362 "

" Quatrième pièce à vos postes ! Par quatre

fauchez ! »

Et quatre départs suivent immédiatement.

« Rra… oum… rra…oum… rraoum… rraoum. »

« Le tir est exécuté, mon lieutenant. »

« Halte au feu ! Repos. »

Et tout le monde rentre sous terre et se recouche. Quelle vie ! Je crois que les travailleurs boches ne recommenceront pas à travailler la nuit.

25 août 1916. Je suis de garde au poste d'observation d'artillerie à huit cents mètres des lignes. C'est un poste d'observation de la batterie cette fois. Il ne faut pas avoir de lumière de peur d'être repéré. Ça ne serait pas drôle, car ce n'est pas très solide là-dedans ! J'ai quatre heures de faction à prendre, les yeux collés à la jumelle à ciseaux. Nous sommes quatre, trois hommes et un maréchal des logis.

Une mine boche vient de sauter. Cela a remué rudement le sol. Des obus de gros calibre passent au-dessus de nous. Il paraît que la mine a fait onze victimes, onze soldats du génie enterrés vivants, peut-être. C'est effrayant cette guerre de mines.

Nous sommes descendus un camarade et moi, tout à l'heure, jusqu'à deux cents mètres des premières lignes allemandes, sur le bord du canal, pour reconnaître certaines lignes téléphoniques. Les Boches n'ont pas tiré.

fauchez !"

Et quatre départs suivent immédiatement.

" Rra...oum ... rra .. oum ... rraoum ... rra-oum "

" Le tir est exécuté, mon lieutenant "

" Halte au feu ! Repos "

Et tout le monde rentre sous terre et se recouche. Quelle vie ! Je crois que les travailleurs boches ne recommenceront pas à travailler la nuit.

25 août 1916. Je suis de garde au poste d'observation d'artillerie à huit cents mètres des lignes. C'est un poste d'observation de la batterie cette fois. Il ne faut pas avoir de lumière de peur d'être repéré. Ça ne serait pas drôle, car ce n'est pas très solide là-dedans ! J'ai quatre heures de faction à prendre, les yeux collés à la jumelle à ciseaux. Nous sommes quatre, trois hommes et un maréchal des logis.

Une mine boche vient de sauter. Cela a remué rudement le sol. Des obus de gros calibre passent au-dessus de nous. Il paraît que la mine a fait onze victimes, onze soldats du génie enterrés vivants, peut-être. C'est effrayant cette guerre de mines.

Nous sommes descendus un camarade et moi, tout à l'heure jusqu'à deux cents mètres des premières lignes allemandes, sur le bord du canal, pour reconnaître certaines lignes téléphoniques. Les boches n'ont pas tiré.

26 août 1916. Je suis encore au poste d'observation pour vingt-quatre heures. Il fait de l'orage et la pluie tombe. Il n'y a pas assez du bruit du canon, il faut encore le tonnerre en plus.

29 août 1916. Le corps d'armée a téléphoné ce matin que l'Italie et la Roumanie ont déclaré la guerre à l'Allemagne. On connaît les nouvelles ici. Si cela pouvait hâter la fin de la guerre ! Mais les Boches ont dû savoir cela aussi, car ils viennent de nous envoyer une dizaine de « 105 » sur la position. Pas de blessés chez nous. Nous étions tous dans nos trous. Mais près de la troisième pièce il y a un corps étendu. C'est un fantassin qui vient d'être tué là. C'est le premier mort que je vois. Cela me fait drôle. Il a la figure abîmée, toute rouge de sang déjà coagulé, la capote déchirée. Il paraît que c'est un permissionnaire qui descendait vers l'arrière. Quoi qu'on en dise, il ne fait pas toujours bon sur une position d'artillerie. Quatre hommes sont désignés pour ensevelir le mort...

Dans la soirée, on a envoyé une salve bien nourrie pour venger le mort...

30 août 1916. Il pleut toujours. Il y a vingt centimètres d'eau dans les boyaux. Je suis au poste d'observation, encore.

2 septembre 1916. Je suis fatigué. Je n'ai pas dormi de la nuit. Les Boches nous ont embêtés /...

26 août 1916. Je suis encore au poste d'observation pour vingt quatre heures. Il fait de l'orage et la pluie tombe. Il n'y a pas assez du bruit du canon, il faut encore le tonnerre en plus.

29 août 1916. Le corps d'armée à téléphoné ce matin que l'Italie et la Roumanie ont déclaré la guerre à l'allemagne. On connaît les nouvelles ici. Si cela pouvait hâter la fin de la guerre. Mais les boches ont dû savoir cela aussi, car ils viennent de nous envoyer une dizaine de "105" sur la position. Pas de blessés chez nous. Nous étions tous dans nos trous. Mais près de la troisième pièce il y a un corps étendu. C'est un fantassin qui vient d'être tué là. C'est le premier mort que je vois. Cela me fait drôle. Il a la figure abîmée, toute rouge de sang déjà coagulé, la capote déchirée. Il paraît que c'est un permissionnaire qui descendait vers l'arrière. Quoi qu'on en dise, il ne fait pas toujours bon sur une position d'artillerie. Quatre hommes sont désignés pour ensevelir le mort...

Dans la soirée on a envoyé une salve bien nourrie pour venger le mort...

30 août 1916. Il pleut toujours. Il y a vingt centimètres d'eau dans les boyaux. Je suis au poste d'observation, encore.

2 Septembre 1916. Je suis fatigué. Je n'ai pas dormi de la nuit. Les Boches nous ont embêtés

toute la nuit avec des obus de très gros calibre, des « pépères » comme on dit.

Cela fait maintenant un mois que je n'ai pas enlevé ni ma culotte ni mes chaussures. J'ai changé de chemise une fois.

3 septembre 1916. Ma barbe pousse et je me suis fait raser par un camarade. C'est la première fois ! Le vaguemestre m'a demandé de lui donner des étrennes à la fin de l'année pour tous les colis que j'ai reçus ! À vrai dire c'est peut-être moi qui en reçois le plus, mais j'en fais profiter les copains.

5 septembre 1916. On va partir d'ici. Mais pour où ?

7 septembre 1916. Nous partons cette nuit, nous allons au repos pendant quelques jours et après vers une direction inconnue.

toute la nuit avec des obus de très gros calibre, des "pépères" comme on dit.

Cela fait maintenant un mois que je n'ai pas enlevé ni ma culotte, ni mes chaussures. J'ai changé de chemise une fois.

3 Septembre 1916. Ma barbe pousse et je me suis fait raser par un camarade. C'est la première fois! Le vaguemestre m'a demandé de lui donner des étrennes à la fin de l'année pour tous les colis que j'ai reçus! A vrai dire c'est peut être moi qui en reçoit le plus, mais j'en fais profiter les copains.

5 Septembre 1916. On va partir d'ici. Mais pour où?

7 Septembre 1916. Nous partons cette nuit, nous allons au repos pendant quelques jours et après vers une direction inconnue.

Au repos.

8 septembre 1916. Nous sommes arrivés au repos ce matin de très bonne heure dans un gros village à trente kilomètres du front. Nous trouvons ici tout ce qu'il nous faut. Nous sommes logés chez une vieille femme. Elle a une fille qui n'a plus de jambes, infirme de naissance. Nous avons mangé du homard, de conserve naturellement, avec de l'huile et du vinaigre. La bonne femme et sa fille sont bien aimables.

9 septembre 1916. Depuis le 7, à huit heures du soir, nous sommes en voyage et on ne sait pas où l'on va. Va-t-on embarquer quelque part pour la /...

Café à Chancenay (Haute-Marne)

Au repos

8 Septembre 1916. Nous sommes arrivés au repos ce matin de très bonne heure dans un gros village à trente kilomètres du front. Nous trouvons ici tout ce qu'il nous faut. Nous sommes logés chez une vieille femme. Elle a une fille qui n'a plus de jambes, infirme de naissance. Nous avons mangé du homard, de conserve naturellement, avec de l'huile et du vinaigre. La bonne femme et sa fille sont bien aimables.

9 Septembre 1916. Depuis le 7, à huit heures du soir, nous sommes en voyage et on ne sait pas où l'on va. Va-t-on embarquer quelque part pour la

Somme ou Verdun ? Nous ne savons rien, rien. Nous avons formé le parc dans un champ et on a cassé la croûte. Tout à l'heure il va falloir laver le matériel. Nous avons passé la nuit dernière à La Fère-en-Tardenois dans l'Aisne. Je croyais bien que nous allions passer là quelques jours. Mais ce matin à six heures, tout le monde debout. Nous sommes de nouveau en route.

10 septembre 1916. Nous sommes au repos pour cinq ou six jours à pas plus de quatre kilomètres de La Fère. Ce n'était pas la peine de nous faire partir ! Cette nuit nous avons couché à la belle étoile. La baraque où nous devions coucher était trop sale et pleine de « totos ». Alors on a décidé de coucher dehors avec deux couvertures et le manteau. J'ai très bien dormi. Nous sommes toujours sur le qui-vive.

Je viens de faire un excellent déjeuner : soupe, bœuf, thon à l'huile, sardines à l'huile, salade, pain et beurre, gâteaux, raisin, pêches, prunes et pinard.

12 septembre 1916. Naturellement nous n'étions pas encore bien là. Nous voilà cantonnés encore quatre kilomètres plus loin. Nous avons cette fois une immense baraque en planches avec des lits en treillage. Nous sommes bien. Mais combien de temps allons-nous y rester ? Je viens d'apprendre que nous faisons partie de la Cinquième armée.

13 septembre 1916. On croyait avoir un /...

Somme ou Verdun. Nous ne savons rien, rien. Nous avons formé le parc dans un champ et on a cassé la croûte. Tout à l'heure il va falloir laver le matériel. Nous avons passé la nuit dernière à La Fère en Tardenois dans l'Aisne. Je croyais bien que nous allions passer là quelques jours. Mais ce matin à six heures, tout le monde debout. Nous sommes de nouveau en route.

10 Septembre 1916. Nous sommes au repos pour cinq ou six jours à pas plus de quatre kilomètres de La Fère. Ce n'était pas la peine de nous faire partir! Cette nuit nous avons couché à la belle étoile. La baraque où nous devions coucher était trop sale et pleine de "totos". Alors on a décidé de coucher dehors avec deux couvertures et le manteau. J'ai très bien dormi. Nous sommes toujours sur le qui-vive.

Je viens de faire un excellent déjeuner: soupe, bœuf, thon à l'huile, sardines à l'huile, salade, pain et beurre, gâteaux, raisin, pêches, prunes et pinard.

12 Septembre 1916. Naturellement nous n'étions pas encore bien là. Nous voilà cantonnés encore quatre kilomètres plus loin. Nous avons cette fois une immense baraque en planches avec des lits en treillage. Nous sommes bien. Mais combien de temps allons nous y rester? Je viens d'apprendre que nous faisons partie de la Cinquième Armée.

13 Septembre 1916. On croyait avoir un

repos complet ici, mais nous faisons des manœuvres. Je fais fonction de brigadier agent de liaison du capitaine. Peut-être va-t-on me nommer brigadier. Je ne sais pas quand je vais aller en permission, peut-être pas avant cinq ou six mois.

14 septembre 1916. Nous sommes derechef à La Fère-en-Tardenois ! Pourquoi toutes ces allées et venues ? Nous faisons de la manœuvre tous les matins. Nous sommes à deux heures et demie de Paris par le train. Je pense à mon père qui m'écrit qu'il a été à la chasse aux sangliers dans la forêt de Senonches en Eure-et-Loir. Nous, nous faisons la chasse à de vrais cochons, plus sauvages que les cochons sauvages !

15 septembre 1916. Je viens de recevoir la lettre presque quotidienne de mes parents. Mon père me dit :

« Cette horrible guerre aura formé des cerveaux solides. Si tu en reviens, ce que j'espère de tout cœur, tu pourras lutter avec la vie. »

Pauvre père et pauvre maman. Que de soucis pour vous, avec vos deux fils au front. Mais ne vous en faites pas, on les aura et on reviendra.

Demain, nous manœuvrons avec la division d'infanterie pour nous préparer, paraît-il, à une grande bataille.

16 septembre 1916. Nous sommes partis à une heure ce matin en manœuvre à quinze /...

repos complet ici, mais nous faisons des manœuvres. Je fais fonction de brigadier agent de liaison du Capitaine. Peut être va-t-on me nommer brigadier. Je ne sais pas quand je vais aller en permission, peut être pas avant cinq ou six mois.

14 Septembre 1916. Nous sommes derechef à La Fère en Tardenois ! Pourquoi toutes ces allées et venues ? Nous faisons de la manœuvre tous les matins. Nous sommes à deux heures et demie de Paris par le train. Je pense à mon Père qui m'écrit qu'il a été à la chasse aux sangliers dans la forêt de Senonches en Eure et Loir. Nous, nous faisons la chasse à de vrais cochons, plus sauvages que les cochons sauvages !

15 Septembre 1916. Je viens de recevoir la lettre presque quotidienne de mes parents. Mon père me dit :

" Cette horrible guerre aura formé des cerveaux solides - si tu en reviens, ce que j'espère de tout cœur, tu pourras lutter avec la vie "

Pauvre père et pauvre maman - que de soucis pour vous, avec vos deux fils au front. Mais ne vous en faites pas, on les aura et on reviendra.

Demain nous manœuvrons avec la Division d'Infanterie pour nous préparer, paraît-il à une grande bataille.

16 Septembre 1916. Nous sommes partis à une heure ce matin en manœuvre à quinze

kilomètres de La Fère. C'est une manœuvre de toute la division. Nous sommes revenus à quatre heures de l'après-midi. J'étais comme téléphoniste.

Nous partons très certainement demain matin de bonne heure pour une destination inconnue.

17 septembre 1916. Nous sommes cantonnés à six cents mètres de Château-Thierry, près de la gare, probablement pour embarquer d'un moment à l'autre.

Je viens de recevoir une lettre de mon frère qui m'envoie ses vœux pour mes dix-neuf ans. Dans cinq jours en effet, j'aurai dix-neuf ans. Je voudrais bien fêter mon anniversaire à la maison !

Nous sommes dans une ferme, un vieil homme et une vieille femme comme propriétaires. Ils ont vu les Boches pendant la bataille de la Marne. Ils savent ce que c'est, eux aussi. La fermière nous a préparé une omelette. Il y avait longtemps que j'en avais mangé. Nous couchons dans une grange avec de la paille. Nous sommes très bien.

22 septembre 1916. J'ai dix-neuf ans aujourd'hui. Je viens de recevoir de ma petite maman une montre-bracelet. Cela m'a fait bien plaisir, et elle me sera bien utile. Mon frère m'a envoyé une pince universelle. Que de cadeaux ! Nous ne faisons pas de manœuvres aujourd'hui. J'en ai profité pour laver une chemise et un caleçon.

23 septembre 1916. Les filles sont très /...

kilomètres de La Fère. C'est une manœuvre de toute la Division. Nous sommes revenus à quatre heures de l'après-midi. J'étais comme téléphoniste.

Nous partons très certainement demain matin de bonne heure pour une destination inconnue

17 Septembre 1916. Nous sommes cantonnés à six cents mètres de Château-Thierry, près de la gare, probablement pour embarquer d'un moment à l'autre.

Je viens de recevoir une lettre de mon frère qui m'envoie ses vœux pour mes dix-neuf ans. Dans cinq jours en effet, j'aurai dix-neuf ans. Je voudrais bien fêter mon anniversaire à la maison !

Nous sommes dans une ferme, un vieil homme et une vieille femme comme propriétaires. Ils ont vu les boches pendant la bataille de la Marne. Ils savent ce que c'est, eux aussi. La fermière nous a préparé une omelette. Il y avait longtemps que j'en avais mangé. Nous couchons dans une grange avec de la paille. Nous sommes très bien.

22 Septembre 1916. J'ai dix neuf ans aujourd'hui. Je viens de recevoir de ma petite maman une montre bracelet. Cela m'a fait bien plaisir, et elle me sera bien utile. Mon frère m'a envoyé une pince universelle. Que de cadeaux ! Nous ne faisons pas de manœuvres aujourd'hui. J'en ai profité pour laver une chemise et un caleçon.

23 Septembre 1916. Les filles sont très

délurées par ici et en remontreraient à bien des jeunes gens. Les civils sont très avancés comme idées politiques.

24 septembre 1916. C'est dimanche. Repos. Je suis allé arracher des pommes de terre avec une jeune paysanne. Les sillons dans les champs se nomment ici des « routes » et la tige de la pomme de terre des « cotons ». Nous avons bien travaillé tous les deux... C'était bien la première fois que j'arrachais des pommes de terre !

28 septembre 1916. On parle de départ. Ce matin on a touché un chandail, une chemise, un caleçon, une paire de chaussettes, des gants et un cache-nez.

29 septembre 1916. Nous partons, pour où ? Personne ne sait rien.

1er octobre 1916. Que veut-on faire de nous ? Ces embarquements et ces débarquements, ces réveils à deux heures du matin pour ne se coucher qu'à trois heures du matin le lendemain, c'est dur.

Nous voilà à Saint-Dizier. Il fait très froid. Je ne suis pas enrhumé et on couche dehors. J'engraisse.

2 octobre 1916. Ici, il n'y a pas de pommes de terre à arracher ! Je dois aller en permission vers le milieu de février.

Nous couchons sur la paille. Mais la nuit nous sommes dévorés par des poux, des poux de volaille probablement, car toute la journée les poules

délurées par ici et en remontreraient à bien des jeunes gens. Les civils sont très avancés comme idées politiques.

24 Septembre 1916. C'est Dimanche. Repos. Je suis allé arracher des pommes de terre avec une jeune paysanne. Les sillons dans les champs se nomment ici des "routes" et la tige de la pomme de terre des "cotons". Nous avons bien travaillé tous les deux... C'était bien la première fois que j'arrachais des pommes de terre!

28 Septembre 1916. On parle de départ. Le matin on a touché un chandail, une chemise, un caleçon, une paire de chaussettes, des gants et un cache-nez.

29 Septembre 1916. Nous partons, pour où? Personne ne sait rien.

1er Octobre 1916. Que veut-on faire de nous? Ces embarquements et ces débarquements, ces réveils à deux heures du matin pour ne se coucher qu'à trois heures du matin le lendemain, c'est dur.

Nous voilà à St Dizier. Il fait très froid. Je ne suis pas enrhumé et on couche dehors. J'engraisse.

2 octobre 1916. Ici il n'y a pas de pommes de terre à arracher! Je dois aller en permission vers le milieu de Février.

Nous couchons sur la paille. Mais la nuit nous sommes dévorés par des poux, des poux de volailles probablement, car toute la journée les poules picorent sur notre paille. Il y en a une, ce midi, qui mangeait dans ma gamelle quand j'avais le dos tourné !

5 octobre 1916. Nous sommes en ce moment à Chancenay, Haute-Marne. Il pleut. Je viens de passer deux heures dans un « caboulot » à boire du vin rouge avec les camarades. Quel amusement ! Le vin est bien mauvais et j'ai mal à l'estomac.

8 octobre 1916. Il pleut toujours. Nous avons de la boue jusqu'à la cheville. Aujourd'hui on a distribué des « peaux de mouton » de la grandeur d'une veste, composées de deux morceaux, l'un couvrant le dos, l'autre la poitrine, avec un trou pour passer la tête. D'après les « anciens », c'est chaud mais c'est un nid à poux. Hier j'ai acheté un camembert. J'ai partagé avec les copains. Ils sont tous très gentils, tous des gars de la Vendée, de Nantes ou des Bretons. Ils me nomment : « Petit ».

10 octobre 1916. Nous sommes vraiment longtemps au repos. Il doit y avoir quelque chose d'extraordinaire en préparation. On dit que nous partons pour Salonique. Mais on dit tant de choses.

15 octobre 1916. Je suis proposé pour le grade de brigadier depuis hier.

16 octobre 1916. Je suis brigadier. J'ai touché un mandat ce matin. Il servira à payer quelques bouteilles de pinard aux amis.

picorent sur notre paille. Il y en a une, ce midi, qui mangeait dans ma gamelle quand j'avais le dos tourné!

5 octobre 1916. Nous sommes en ce moment à Chancenay, Haute-Marne. Il pleut. Je viens de passer deux heures dans un "caboulot" à boire du vin rouge avec les camarades. Quel amusement! Le vin est bien mauvais et j'ai mal à l'estomac.

8 octobre 1916. Il pleut toujours. Nous avons de la boue jusqu'à la cheville. Aujourd'hui on a distribué des "peaux de mouton" de la grandeur d'une veste, composées de deux morceaux, l'un couvrant le dos, l'autre la poitrine, avec un trou pour passer la tête. D'après les "anciens" c'est chaud mais c'est un nid à poux. Hier j'ai acheté un camembert. J'ai partagé avec les copains. Ils sont tous très gentils, tous des gars de la Vendée, de Nantes ou des Bretons. Ils me nomment : "Petit".

10 octobre 1916. Nous sommes vraiment longtemps au repos. Il doit y avoir quelque chose d'extraordinaire en préparation. On dit que nous partons pour Salonique. Mais on dit tant de choses.

15 octobre 1916. Je suis proposé pour le grade de brigadier depuis hier.

16 octobre 1916. Je suis brigadier. J'ai touché un mandat ce matin. Il servira à payer quelques bouteilles de pinard aux amis.

16 octobre 1916 - brigadier -

17 octobre 1916. Nous sommes toujours au repos. Que va-t-on faire de nous ?

19 octobre 1916. On dit que nous partons bientôt pour Verdun.

2 novembre 1916. Rien de nouveau. Pourquoi cette prolongation de repos ?

15 novembre 1916. Nous quittons Chancenay et nous allons encore du côté de Saint-Dizier. Nous sommes à soixante-quinze kilomètres de Verdun.

16 novembre 1916. Nous partons et nous savons que nous allons sur Verdun, vers l'enfer !

17 Octobre 1916. Nous sommes toujours au repos. Que va-t-on faire de nous ?

19 octobre 1916. On dit que nous partons bientôt pour Verdun.

2 Novembre 1916. Rien de nouveau. Pourquoi cette prolongation de repos ?

15 Novembre 1916. Nous quittons Chancenay et nous allons encore du côté de Saint-Dizier. Nous sommes à soixante quinze kilomètres de Verdun.

16 Novembre 1916. Nous partons et nous savons que nous allons sur Verdun, vers l'enfer !

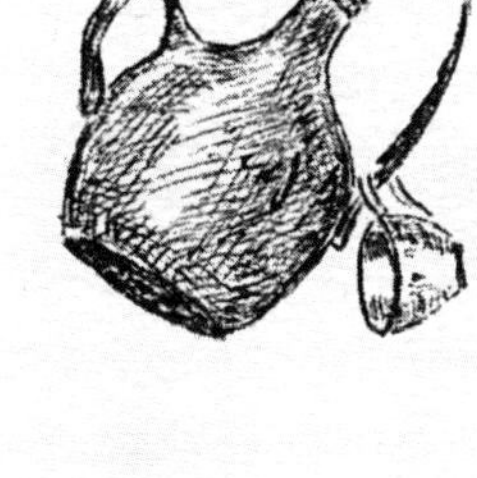

Verdun, l'enfer.

1er décembre 1916. Après plusieurs étapes nous approchons de Verdun. C'est la deuxième fois que notre régiment y monte. Il y était déjà en 1915. Les anciens disent que « ça va barder ».

Attention vieux Fritz ! Attention ! Le 35e régiment d'artillerie, c'est un sacré régiment, tu sais !

2 décembre 1916. Nous sommes à Verdun, dans la ville même, cantonnés dans un ancien quartier de cavalerie, les casernes « Bévaux ». Je couche dans la salle d'escrime, pas beaucoup de paille mais pas trop mal tout de même ! Des obus de gros calibre tombent tout autour de la caserne.

Paysage de Verdun. Décembre 16.

Verdun, l'enfer.

1er Décembre 1916. Après plusieurs étapes nous approchons de Verdun. C'est la deuxième fois que notre Régiment y monte. Il y était déjà en 1915. Les anciens disent que "ça va barder".

Attention vieux Fritz ! attention ! le 35ème Régiment d'artillerie, c'est un sacré régiment, tu sais !

2 Décembre 1916. Nous sommes à Verdun, dans la ville même, cantonnés dans un ancien quartier de Cavalerie, les casernes "Bévaux". Je couche dans la salle d'escrime, pas beaucoup de paille mais pas trop mal tout de même ! Des obus de gros calibre tombent tout autour de la caserne.

Mais jamais dessus. C'est bizarre. Nous avons de l'eau pour nous laver. Il fait très froid. Cette nuit nous sommes allés à cheval reconnaître la position de batterie que nous allons occuper. Il y a eu deux hommes de blessés et un cheval, par des éclats d'obus.

6 décembre 1916. Il fait très froid et il neige. Une grosse « marmite » vient d'éclater à cinquante mètres d'ici, toujours à côté, jamais sur nous. J'ai froid aux pieds. Nous sommes couverts de boue. Les grosses pièces d'artillerie tonnent tout autour.

Nous montons en position ce soir. Le canon tonne sans cesse.

Cette nuit il y a eu des dégâts au bâtiment qui touche au nôtre. Deux « 105 » sont tombés juste au milieu. Il y a quarante morts, quarante fantassins.

8 décembre 1916. Nous sommes en batterie dans un bois, près d'une route qui va du fort de Tavannes à Verdun. À notre droite se trouve un grand tunnel : le tunnel de Tavannes. À gauche, près de la route se trouve une petite maison en ruine : la « Maison Carrée ». C'est paraît-il un ancien café chantant des faubourgs de Verdun. Presque toutes nos lignes téléphoniques passent dans cette maison pour aller vers les premières lignes. Je couche dans un tout petit abri souterrain avec le maréchal des logis Arnould, l'aspirant Capron et Guybert, pointeur. Mon téléphone se trouve à la tête de ma paillasse et je n'ai pas besoin de me lever pour répondre. Nous sommes très bombardés. On ne mange pas bien et je suis

mais jamais dessus. C'est bizarre. Nous avons de l'eau pour nous laver. Il fait très froid. Cette nuit nous sommes allés à cheval reconnaître la position de Batterie que nous allons occuper. Il y a eu deux hommes de blessés et un cheval, par des éclats d'obus.

6 Décembre 1916. Il fait très froid et il neige. Une grosse "marmite" vient d'éclater à cinquante mètres d'ici, toujours à côté, jamais sur nous. J'ai froid aux pieds. Nous sommes couverts de boue. Les grosses pièces d'artillerie tonnent tout autour.

Nous montons en position ce soir. Le canon tonne sans cesse.

Cette nuit il y a eu des dégâts au bâtiment qui touche au nôtre. Deux "105" sont tombés juste au milieu. Il y a quarante morts, quarante fantassins.

8 Décembre 1916. Nous sommes en Batterie dans un bois, près d'une route qui va du Fort de Tavannes à Verdun. A notre droite se trouve un grand tunnel : le tunnel de Tavannes. A gauche, près de la route se trouve une petite maison en ruines : "la maison Carrée". C'est, paraît-il un ancien café chantant des faubourgs de Verdun. Presque toutes nos lignes téléphoniques passent dans cette maison pour aller vers les premières lignes. Je couche dans un tout petit abri souterrain avec le maréchal-des-logis Arnould, l'aspirant Capron et Guybert, pointeur. Mon téléphone se trouve à la tête de ma paillasse et je n'ai pas besoin de me lever pour répondre. Nous sommes très bombardés. On ne mange pas bien et je suis

heureux d'avoir reçu du beurre salé et des rillettes de la maison. Je suis très sale, de la boue jusqu'aux genoux. Il fait très froid et du brouillard qui vous pénètre jusqu'aux os. Ce n'est pas gai. Il fait nuit à quatre heures de l'après-midi.

9 décembre 1916. Deux hommes de la première batterie ont été tués ce matin à huit heures par un « 77 ».

Ce soir, je vais en première ligne, à un poste d'observation d'infanterie avancé, on le nomme ici « l'ouvrage Rond ».

12 décembre 1916. Nous devons passer trois jours à l'ouvrage Rond ; à deux cents mètres à notre droite se trouve le fort de Vaux. J'ai faim. On ne mange que du thon et des sardines.

Chatelier et moi, nous venons de parcourir à la nuit le champ de bataille pour réparer une ligne téléphonique coupée entre notre poste et le fort de Vaux où se trouve le lieutenant Gentiane, de notre batterie. Nous avons mis une heure à parcourir les deux cents mètres qui nous séparent du fort. Le terrain est bouleversé par les obus et partout des cadavres, beaucoup de cadavres datant de l'attaque de février dernier et nous sommes en décembre. J'ai attaché ma ligne téléphonique à une main décharnée qui dépassait d'un trou d'obus. C'est une main d'Allemand, puisque le bout de manche qui dépasse est gris-vert...

Nous avons été « marmités » tout le long du chemin. Un éclat a déchiré ma capote et il s'est arrêté sur une petite glace métallique que je porte toujours dans ma poche intérieure gauche.

heureux d'avoir reçu du beurre salé et des rillettes de la maison. Je suis très sale, de la boue jusqu'aux genoux. Il fait très froid et du brouillard qui vous pénètre jusqu'aux os. Ce n'est pas gai. Il fait nuit à quatre heures de l'après midi.

9 Décembre 1916. Deux hommes de la première batterie ont été tués ce matin à huit heures par un "77".

Ce soir, je vais en première ligne, à un poste d'observation d'infanterie avancé, on le nomme ici "l'ouvrage Rond"

12 Décembre 1916. Nous devons passer trois jours à "l'ouvrage Rond"; à deux cents mètres à notre droite se trouve le Fort de Vaux. J'ai faim. On ne mange que du thon et des sardines.

Chatellier et moi nous venons de parcourir à la nuit le champ de bataille pour réparer une ligne téléphonique coupée entre notre poste et le Fort de Vaux où se trouve le lieutenant Gentiane de notre batterie. Nous avons mis une heure à parcourir les deux cents mètres qui nous séparent du Fort. Le terrain est boulversé par les obus et partout des cadavres, beaucoup de cadavres datant de l'attaque de Février dernier et nous sommes en Décembre. J'ai attaché ma ligne téléphonique à une main décharnée qui dépassait d'un trou d'obus. C'est une main d'allemand, puisque le bout de manche qui dépasse est gris-vert....

Nous avons été "marmité" tout le long du chemin. Un éclat a déchiré ma capote et il s'est arrêté sur ma petite glace métallique que je porte toujours dans ma poche intérieure gauche.

Il y a un grand trou de « 420 » juste à l'entrée du fort. On pourrait y faire tenir un gros camion dedans et nous avons usé seize mètres de fil téléphonique pour descendre dans ce trou et en remonter avant d'arriver à la porte du fort et quelle entrée ! Un trou de sape d'un mètre de large par lequel nous sommes entrés à quatre pattes. Quand nous sommes arrivés à l'intérieur du fort, le lieutenant Gentiane nous a offert du vin et des cigarettes. Il y a beaucoup de troupes dans le fort et les obus tombent sans discontinuer dessus et autour. Il était cinq heures du soir quand nous sommes partis de l'ouvrage Rond pour aller vers le fort. Nous sommes revenus en suivant le fil téléphonique. Il était onze heures du soir quand nous sommes arrivés. La ligne fonctionne maintenant, mais il est à craindre qu'un éclat ne la coupe encore et ce ne sera pas drôle de refaire ce trajet-là. Il le faudra bien pourtant et puis le lieutenant nous donnera peut-être encore du pinard et des cigarettes...

15 décembre 1916. En rentrant à la batterie, j'ai trouvé trois lettres de mes parents et un colis avec du beurre et du chocolat et aussi des journaux de Laval.

Il y a de la boue, beaucoup. Nous sommes bombardés très copieusement, un obus toutes les dix minutes environ. Ce n'est pas drôle du tout.

16 décembre 1916. Que de boue, c'est effrayant ! Je suis sourd par le bruit du canon. Nous devons attaquer demain en avant du fort de Vaux pour conquérir les tranchées de premières lignes allemandes et aller si possible jusqu'à Bezonvaux

Il y a un grand trou de "420" juste à l'entrée du Fort. On pourrait y faire tenir un gros camion dedans et nous avons usé seize mètres de fil téléphonique pour descendre dans ce trou et en remonter avant d'arriver à la porte du Fort et quelle entrée ! un trou de sape d'un mètre de large par lequel nous sommes entrés à quatre pattes. Quand nous sommes arrivés à l'intérieur du Fort, le lieutenant Gentiane nous a offert du vin et des cigarettes. Il y a beaucoup de troupe dans le Fort et les obus tombent sans discontinuer dessus et autour. Il était cinq heures du soir quand nous sommes partis de l'ouvrage Rond pour aller vers le Fort. Nous sommes revenus en suivant le fil téléphonique. Il était onze heures du soir quand nous sommes arrivés. La ligne fonctionne maintenant, mais il est à craindre qu'un éclat ne la coupe encore et ce ne sera pas drôle de refaire ce trajet là. Il le faudra bien pourtant et puis le lieutenant nous donnera peut-être encore du pinard et des cigarettes......

15 décembre 1916. En rentrant à la Batterie, j'ai trouvé trois lettres de mes parents et un colis avec du beurre et du chocolat et aussi des journaux de Laval.

Il y a de la boue, beaucoup. Nous sommes bombardés très copieusement, un obus toutes les dix minutes environ. Ce n'est pas drôle du tout.

16 décembre 1916. Que de boue, c'est effrayant ! Je suis sourd par le bruit du canon. Nous devons attaquer demain en avant du Fort de Vaux pour conquérir les tranchées de premières lignes allemandes et aller si possible jusqu'à Bezonvaux

à trois kilomètres au-delà du fort de Vaux. La préparation d'artillerie est fantastique. C'est la fournaise. On tire tellement que la peinture grise des canons fond et on met des sacs à terre mouillés sur le tube pour le refroidir.

Le maréchal des logis de la 1re pièce s'est coupé le doigt en fermant la culasse du canon dans la précipitation du tir alors que le tireur était indisponible. Il est évacué. Le capitaine Chalumeau m'a désigné comme chef de pièce. Mais j'aimerais mieux aller faire l'attaque que de rester à la batterie comme chef de pièce. Je suis allé trouver le capitaine et lui ai demandé de faire fonction de sous-officier agent de liaison pour l'attaque. Il a accepté. Je monte donc ce soir en premières lignes pour l'attaque.

J'ai la même chemise depuis le deux décembre ! J'ai marqué la date à l'encre sur la manche !

20 décembre 1916. L'attaque est finie. Nous avons atteint l'objectif désigné : le village de Bezonvaux. Les Boches avaient évacué leurs tranchées sous l'intensité du bombardement français et nous n'avons trouvé personne sur notre route, à part quelques visions fugitives de dos gris de Boches qui fuyaient et des cadavres et encore des cadavres allemands. Le bombardement ennemi pour nous empêcher d'avancer a été assez violent. Bien des éclats m'ont sifflé aux oreilles et j'ai fait de nombreux plats ventre. Nous sommes nombreux à avoir la diarrhée. Ce doit être l'eau que nous buvons. Il y a moins de boue, c'est peut-être /...

à trois kilomètres au delà du Fort de Vaux. La préparation d'artillerie est fantastique. C'est la fournaise. On tire tellement que la peinture grise des canons fond et on met des sacs à terre mouillés sur le tube pour le refroidir.

Le maréchal des logis de la 1ère pièce s'est coupé le doigt en fermant la culasse du canon dans la précipitation du tir alors que le tireur était indisponible. Il est évacué. Le Capitaine Chalumeau m'a désigné comme chef de pièce. Mais j'aimerais mieux aller faire l'attaque que de rester à la batterie comme chef de pièce. Je suis allé trouver le Capitaine et lui ai demandé de faire fonction de sous-officier agent de liaison pour l'attaque. Il a accepté. Je monte donc ce soir en premières lignes pour l'attaque.

J'ai la même chemise depuis le deux décembre ! J'ai marqué la date à l'encre sur la manche !

20 Décembre 1916. L'attaque est finie. Nous avons atteint l'objectif désigné : le village de Bezonvaux. Les Boches avaient évacué leurs tranchées sous l'intensité du bombardement français et nous n'avons trouvé personne sur notre route, à part quelques visions fugitives de dos gris de boches qui fuyaient et des cadavres et encore des cadavres allemands. Le bombardement ennemi pour nous empêcher d'avancer a été assez violent. Bien des éclats m'ont sifflé aux oreilles et j'ai fait de nombreux plats-ventre. Nous sommes nombreux à avoir la diarrhée. Ce doit être l'eau que nous buvons. Il y a moins de boue, c'est peut être

parce qu'elle est gelée, car il gèle dur : dix degrés au-dessous.

Nous sommes toujours au même endroit en batterie. Mais nous tirons plus loin, voilà tout.

Aujourd'hui un brigadier est parti en permission, c'est pourquoi je suis encore là, deux brigadiers ne pouvant partir à la fois.

22 décembre 1916. C'est le dégel. Il pleut maintenant. Quel changement brusque !

23 décembre 1916. Le calme est revenu. Les Boches ne tirent plus et nous non plus. Il pleut dans notre gourbi et on a été obligés de mettre des toiles de tente. Tous les matins on retire deux gamelles pleines d'eau. Cela passe le temps.

Il y a encore eu deux tués à la première batterie quand j'étais à l'attaque.

24 décembre 1916. Je suis monté à l'observatoire hier soir. Le capitaine Lacassin s'y trouvait déjà quand je suis arrivé. Il était de bien mauvaise humeur. Il prétendait n'y pas voir suffisamment et le lendemain matin, 25 décembre, il n'a trouvé rien de mieux que d'aller s'installer à vingt mètres de là dans un trou d'obus. Je suis resté avec le téléphone au poste d'observation et il me disait en criant très fort ce qu'il fallait téléphoner à la batterie. Je ne comprenais pas toujours et cela augmentait sa mauvaise humeur. Une sale mitrailleuse l'avait probablement vu. Elle ne semblait pas être très loin sur la droite. Tout d'un coup voilà le capitaine Lacassin qui tombe dans son trou.

parce qu'elle est gelée, car il gèle dur : dix degrés au dessous.

Nous sommes toujours au même endroit en batterie, mais nous tirons plus loin, voilà tout.—

Aujourd'hui un brigadier est parti en permission, c'est pourquoi je suis encore là, deux brigadiers ne pouvant partir à la fois.

22 décembre 1916. C'est le dégèle. Il pleut maintenant. Quel changement brusque.

23 Décembre 1916. Le calme est revenu. Les Boches ne tirent plus et nous non plus. Il pleut dans notre gourbi et on a été obligé de mettre des toiles de tente. Tous les matins on retire deux gamelles pleines d'eau. Cela passe le temps.

Il y a encore eu deux tués à la première batterie quand j'étais à l'attaque.

24 Décembre 1916. Je suis monté à l'observatoire hier soir. Le capitaine Lacassin s'y trouvait déjà quand je suis arrivé. Il était de bien mauvaise humeur. Il prétendait n'y pas voir suffisamment et le lendemain matin, 25 Décembre, il n'a trouvé rien de mieux que d'aller s'installer à vingt mètres de là dans un trou d'obus. Je suis resté avec le téléphone au poste d'observation et il me disait en criant très fort ce qu'il fallait téléphoner à la batterie. Je ne comprenais pas toujours et cela augmentait sa mauvaise humeur. Une sale mitrailleuse l'avait probablement vu. Elle ne semblait pas être très loin sur la droite. Tout d'un coup voilà le Capitaine Lacassin qui tombe dans son trou.

... les boches ne tirent plus, nous non plus –
Décembre 1916

Et il crie :

« Dupré, Dupré, arrivez ! Je crois que je suis touché. »

Cela devait arriver. On n'a pas l'idée d'aller en terrain découvert, en plein jour, inspecter avec sa jumelle les lignes boches comme au théâtre.

Le moins drôle de l'histoire c'est qu'il a fallu aller voir ce qu'il avait, le capitaine.

La mitrailleuse tirait toujours, mais quand je suis sorti du poste d'observation, en passant par-dessus le parapet et en rampant, elle tirait encore bien plus rapidement. Ce sacré mitrailleur me voyait sûrement et les balles qui sifflaient ne devaient pas passer bien loin. Enfin, en me traînant d'un trou d'obus dans l'autre, j'ai parcouru les vingt mètres sans trop de mal et j'ai aidé le capitaine Lacassin à sortir de son trou. Une balle avait dû lui érafler le bras gauche, mais il s'était surtout fait très mal au pied en tombant.

25 décembre 1916. Le capitaine a oublié ses jumelles dans le trou d'obus. Je n'irai pas les rechercher. Il m'a fait une citation dans son gourbi et m'a dit qu'il la transmettrait au colonel. Dans le fond, tout le monde aurait été rechercher le capitaine, on ne pouvait pas le laisser dans son trou, car c'est un bon type, un peu braque peut-être ; l'autre jour, par exemple, il avait abandonné son casque d'artilleur pour un casque de cuirassier qu'il avait déniché on ne sait où, disant que ce casque-là était bien plus solide que l'autre, puis s'armant de son revolver, il tira à bout portant dans le casque de cuirassier qui fut traversé de part en part ! Je crois qu'il a repris

Et il crie :

"Dupré, Dupré, arrivez ! Je crois que je suis touché"

Cela devait arriver. On n'a pas l'idée d'aller en terrain découvert, en plein jour, inspecter avec sa jumelle les lignes boches comme au théâtre.

Le moins drôle de l'histoire c'est qu'il a fallu aller voir ce qu'il avait, le capitaine.

La mitrailleuse tirait toujours, mais quand je suis sorti du poste d'observation en passant par dessus le parapet et en rampant, elle tirait encore bien plus rapidement. Ce sacré mitrailleur me voyait sûrement et les balles qui sifflaient ne devaient pas passer bien loin. Enfin, en me traînant d'un trou d'obus dans l'autre, j'ai parcouru les vingt mètres sans trop de mal et j'ai aidé le capitaine Lacassin à sortir de son trou. Une balle avait dû lui érafler le bras gauche, mais il s'était surtout fait très mal au pied en tombant.

25 décembre 1916. Le capitaine a oublié ses jumelles dans le trou d'obus. Je n'irai pas les rechercher. Il m'a fait une citation dans son gourbi et m'a dit qu'il la transmettrait au Colonel. Dans le fond, tout le monde aurait été rechercher le capitaine, on ne pouvait pas le laisser dans son trou, car c'est un bon type, un peu braque peut-être, l'autre jour, par exemple, il avait abandonné son casque d'artilleur pour un casque de cuirassier qu'il avait déniché on ne sait où, disant que ce casque là était bien plus solide que l'autre, puis s'armant de son révolver, il tira à bout portant dans le casque de cuirassier qui fut traversé de part en part ! Je crois qu'il a repris

depuis cette histoire son casque d'artilleur, à moins qu'il ne se promène nu-tête, car il a la tête dure.

C'est Noël ce soir. On nous a distribué un cigare à chacun. J'ai donné le mien à l'aspirant Capron qui a fumé le sien et le mien, ensemble ! L'air était irrespirable dans notre petit gourbi. À Noël prochain j'irai faire un tour dehors, car j'ai un peu mal au cœur !

27 décembre 1916. Je pars en permission aujourd'hui. On m'a prévenu comme ça, brusquement. Quelle joie ! Mais que je suis sale et je n'ai rien pour me changer. Tant pis, je pars donc avec mon manteau plein de boue et moi plein de poux.

depuis cette histoire son casque d'artilleur, à moins qu'il ne se promène nu-tête, car il a la tête dure.

C'est Noël ce soir. On nous a distribué un cigare à chacun. J'ai donné le mien à l'aspirant Capron qui a fumé le sien et le mien, ensemble ! L'air était irrespirable dans notre petit gourbi. A Noël prochain j'irai faire un tour dehors, car j'ai un peu mal au cœur !

27 Décembre 1916. Je pars en permission aujourd'hui. On m'a prévenu comme ça, brusquement. Quelle joie ! Mais que je suis sale et je n'ai rien pour me changer. Tant pis, je pars donc avec mon manteau plein de boue et moi plein de poux.

En batterie à droite de Verdun. Fresnes-en-Woëvre. Mars-la-Tour.

6 janvier 1917. Je suis de retour au front après un voyage très long et très fatigant. Je suis arrivé à Revigny (Meuse) à deux heures du matin et à la batterie, par des chemins tantôt boueux, tantôt neigeux, à quatre heures de l'après-midi.

J'ai mangé en cours de route un demi-poulet et du jambon emportés au départ de permission.

8 janvier 1917. Je suis toujours brigadier téléphoniste. Le secteur est très calme. Il tombe de la neige et il fait froid. Dans les ravins on patauge pitoyablement dans la boue. J'ai emporté une belle

La neige devant Fresnes-en-Woëvre.

En batterie à droite de Verdun

Fresnes-en-Woëvre - Mars-la-Tour

6 Janvier 1917. Je suis de retour au front après un voyage très long et très fatigant, je suis arrivé à Révigny (Meuse) à deux heures du matin et à la Batterie, par des chemins tantôt boueux, tantôt neigeux à quatre heures de l'après-midi.

J'ai mangé en cours de route un demi-poulet et du jambon emportés au départ de permission.

8 Janvier 1917. Je suis toujours brigadier téléphoniste. Le Secteur est très calme. Il tombe de la neige et il fait froid. Dans les ravins on patauge pitoyablement dans la boue. J'ai emporté une belle

paire de bottes. On ne tire presque pas et les canons avec leur « couvre-culasse » en toile grise semblent se reposer du grand effort qu'ils viennent de fournir. Nous ne sommes pas à plaindre ici mais on est encore mieux chez soi.

La neige commence à fondre et c'est la boue dans toute son horreur. Malgré mes belles bottes j'ai les pieds humides. Aucune chaussure ne peut résister à cette humidité et la neige fondue brûle le cuir. Dans les boyaux et dans les chemins, par endroits, il y a de l'eau ou de la boue jusqu'aux genoux.

Je viens d'apprendre en lisant le journal de Laval la mort de mon camarade de lycée, Émile Humbert, fils d'un gendarme. Il était chevalier de la Légion d'honneur, classe 1917 comme moi. Cela m'a fait beaucoup de peine comme la mort de mon bon camarade Alleaume. Il y a des copains qu'on ne peut pas oublier.

10 janvier 1917. Il gèle de nouveau. La boue a séché en une nuit et l'eau dans les chemins est gelée. La neige tombe maintenant très compacte. Il y en a déjà quinze centimètres dans les endroits où le vent l'accumule. C'est très beau. Il y en a sur les arbres, sur les taillis, sur les canons – partout – et chaque coup de canon fait voler des flocons. Il fait froid. Les Boches sont paraît-il dans la plaine, là-bas à deux kilomètres, sans tranchées. Ils doivent être bien. Tant mieux pour eux.

paire de bottes. On ne tire presque pas et les canons avec leur "couvre-culasse" en toile grise semblent se reposer du grand effort qu'ils viennent de fournir. Nous ne sommes pas à plaindre ici mais on est encore mieux chez soi.

La neige commence à fondre et c'est la boue dans toute son horreur. Malgré mes belles bottes j'ai les pieds humides. Aucune chaussure ne peut résister à cette humidité, la neige fondue brûle le cuir. Dans les boyaux et dans les chemins, par endroit, il y a de l'eau ou de la boue jusqu'aux genoux.

Je viens d'apprendre en lisant le journal de Laval, la mort de mon camarade de Lycée, Emile Humbert, fils d'un gendarme. Il était chevalier de la Légion d'Honneur, classe 1917 comme moi. Cela m'a fait beaucoup de peine comme la mort de mon bon camarade Alleaume. Il y a des copains qu'on ne peut pas oublier.

10 Janvier 1917. Il gèle de nouveau. La boue a séché en une nuit et l'eau dans les chemins est gelée. La neige tombe maintenant très compacte. Il y en a déjà quinze centimètres dans les endroits où le vent l'accumule. C'est très beau. Il y en a sur les arbres, sur les taillis, sur les canons - partout - et chaque coup de canon fait voler des flocons. Il fait froid. Les Boches sont paraît-il, dans la plaine, là-bas à deux kilomètres, sans tranchées. Ils doivent être bien. Tant mieux pour eux.

13 janvier 1917. Il y a maintenant vingt centimètres de neige partout. Je suis en sabots avec deux paires de chaussettes. Ce matin je me suis lavé à l'eau chaude. Quel luxe ! On peut faire du feu. Il y a tellement de brume et de neige qui tombe que l'on ne peut pas nous voir. Nous venons de manger de la choucroute, c'est bien la première fois. L'intendance a quelquefois de bonnes idées.

Je viens de trouver une carte du pays. Nous sommes en Woëvre, très à droite de Verdun, du côté de Fresnes-en-Woëvre et Mars-la-Tour.

14 janvier 1917. Toujours le froid et la neige.

17 janvier 1917. J'ai reçu un colis de mes parents contenant un cache-nez et un passe-montagne. Il fait huit degrés au-dessous. Nous n'avons rien à faire, j'ai lu *De toute son âme* de Bazin...

... La neige tombe sans discontinuer, il y en a trente centimètres.

18 janvier 1917. Ordre de départ. Ce soir nous sommes remplacés par un autre régiment. Où allons-nous ? Nous ne savons jamais rien. Ça va être drôle de déménager avec trente centimètres de neige ! Il fait très froid. Je viens de recevoir un colis avec du civet de lapin. Nous l'avons fait réchauffer. C'était épatant ! Nous serons d'aplomb pour déménager notre téléphone ce soir.

13 Janvier 1917. Il y a maintenant vingt centimètres de neige partout. Je suis en sabots avec deux paires de chaussettes. Le matin je me suis lavé à l'eau chaude, quel luxe ! On peut faire du feu. Il y a tellement de brume et de neige qui tombe que l'on ne peut pas nous voir. Nous venons de manger de la choucroute, c'est bien la première fois. L'Intendance a quelquefois de bonnes idées.

Je viens de trouver une carte du pays. Nous sommes en Woëvre, très à droite de Verdun, du côté de Fresnes-en-Woëvre et Mars la Tour.

14 Janvier 1917. Toujours le froid et la neige.

17 Janvier 1917. J'ai reçu un colis de mes parents contenant un cache-nez et un passe-montagne. Il fait huit degrés au dessous. Nous n'avons rien à faire. J'ai lu « De toute son âme » de Bazin....

.... La neige tombe sans discontinuer il y en a trente centimètres.

18 Janvier 1917. Ordre de départ. Ce soir nous sommes remplacés par un autre régiment. Où allons nous ? Nous ne savons jamais rien. Ça va être drôle de déménager avec trente centimètres de neige ! Il fait très froid. Je viens de recevoir un colis avec du civet de lapin. Nous l'avons fait réchauffer. C'était épatant ! – Nous serons d'aplomb pour déménager notre téléphone ce soir. –

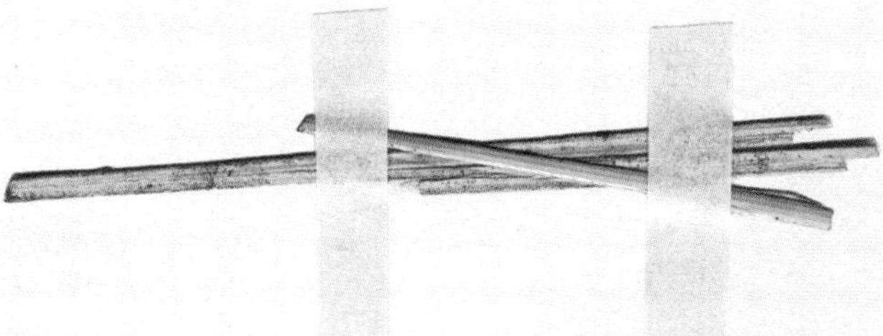

nous couchons dans les granges… sur la même paille

Au repos à Coutevroult (Seine-et-Marne).

25 janvier 1917. Depuis le 18 au soir nous sommes en route. Nous avons déjà fait deux étapes et en ce moment nous sommes à Levoncourt dans la Meuse, un village d'une centaine d'habitants.

Demain nous repartons à cinq heures du matin, destination inconnue. Nous couchons dans les granges au petit bonheur, là où ont déjà couché des milliers et des milliers de soldats sur la même paille.

Nous avons fait toute la route à cheval. La température est extrêmement rigoureuse. Il fait en ce moment vingt-huit degrés au-dessous de zéro et ceci est absolument authentique.

Le verglas sur la route de Levoncourt. - 28° au dessous. —

Au repos à Couterroult (Seine et Marne)

25 Janvier 1917. Depuis le 18 au soir nous sommes en route. Nous avons déjà fait deux étapes et en ce moment nous sommes à Levoncourt dans la Meuse, un village d'une centaine d'habitants

Demain nous repartons à cinq heures du matin, destination inconnue. Nous couchons dans les granges au petit bonheur, là où ont déjà couché des milliers et des milliers de soldats sur la même paille.

Nous avons fait toute la route à cheval. La température est extrêmement rigoureuse Il fait en ce moment vingt huit dégrés au dessous de zéro et ceci est absolument authentique.

Je n'ai jamais vu un froid pareil. Le vin est gelé dans les bidons, le pain est gelé et on est obligé de le couper à coups de hachette pour le faire tremper ensuite dans de l'eau chaude. Pendant l'étape les chevaux souvent glissaient des quatre pattes, même ferrés à glace. Les servants étaient obligés de piocher la route pour briser le verglas. Les roues des canons et des caissons glissaient et ne tournaient plus. J'ai perdu un gant, à cheval, et je m'entortille la main dans un vieux cache-nez trouvé par là. J'ai deux passe-montagnes l'un sur l'autre, deux chandails, trois paires de chaussettes et de la paille dans mes sabots. Le vent avec cela vous gifle la figure. On dirait que le sang va vous sortir par les joues tellement la peau est tendue à craquer. Il fait froid, il fait froid, un froid de mort. Nous ne pouvons plus articuler un mot, nos lèvres sont gercées, des glaçons pendent aux moustaches.

27 janvier 1917. Il fait encore plus froid qu'hier. On nous a distribué du camembert, mais c'est du marbre, impossible de le manger. Le cuir des chaussures est dur comme du bois et malheur à celui qui enlèverait ses « godasses », car il ne pourrait plus les remettre. Nous logeons maintenant dans une maison habitée par des émigrés de Verdun. Nous mangeons avec eux. Nos chevaux sont à côté dans une écurie, nous couchons au-dessus. C'est un sale pays, il fait trop froid et faire des étapes de quarante kilomètres à cheval, c'est dur. Je commence à en avoir assez.

Mon tireur vient d'être évacué, il a un doigt gelé. Ce ne sera pas le seul. On ne peut pas se mettre de l'eau sur la tête pour se peigner, /...

Je n'ai jamais vu un froid pareil. Le vin est gelé dans les bidons, le pain est gelé et on est obligé de le couper à coups de hachette pour le faire tremper ensuite dans de l'eau chaude. Pendant l'étape les chevaux souvent glissaient des quatre pattes, même ferrés à glace. Les servants étaient obligés de piocher la route pour briser le verglas. Les roues des canons et des caissons glissaient et ne tournaient plus. J'ai perdu un gant, à cheval, et je m'entortille la main dans un vieux cache-nez trouvé par là. J'ai deux passe-montagnes l'un sur l'autre, deux chandails, trois paires de chaussettes et de la paille dans mes sabots. Le vent, avec cela, vous giffle la figure. On dirait que le sang va vous sortir par les joues tellement la peau est tendue à craquer. Il fait froid, il fait froid, un froid de mort. Nous ne pourrons plus articuler un mot, nos lèvres sont gercées, des glaçons pendent aux moustaches.

27 Janvier 1917. Il fait encore plus froid qu'hier. On nous a distribué du camembert, mais c'est du marbre - impossible de le manger. Le cuir des chaussures est dur comme du bois et malheur à celui qui enlèverait ses "godasses", car il ne pourrait plus les remettre. Nous logeons maintenant dans une maison habitée par des émigrés de Verdun. Nous mangeons avec eux. Nos chevaux sont à côté dans une écurie, nous couchons au dessus. C'est un sale pays, il fait trop froid et faire des étapes de quarante kilomètres à cheval, c'est dur. Je commence à en avoir assez.

Montireur vient d'être évacué, il a un doigt gelé. Ce ne sera pas le seul. On ne peut pas se mettre de l'eau sur la tête pour se peigner, deux secondes après on a des glaçons dans les cheveux.

3 février 1917. Je viens de recevoir une lettre de mon professeur de première au lycée de Laval.

Il me dit :

« Bon courage et que Dieu, à qui il faut bien croire un peu, vous protège. » Et aussi une lettre de mon oncle Arthur de Paris avec un billet de cinq francs.

Nous ne faisons rien, sinon de faire boire les chevaux le matin et d'aller, nous, boire au « bistrot » l'après-midi.

4 février 1917. Nous partons. Quelle chance ! Il fait froid à crever ici.

6 février 1917. Nous sommes près de Châlons-sur-Marne. Nous avons couvert près de cent kilomètres en deux jours.

11 février 1917. Nous approchons de Meaux. Va-t-on aller à Paris ?

12 février 1917. Halte ! Repos ! Nous sommes à Coutevroult, en Seine-et-Marne, un petit patelin de trois cents habitants. Mauriac et moi nous sommes logés chez monsieur et madame Borel, deux braves habitants de Coutevroult. Ils sont très gentils pour nous deux. Madame Borel fait vraiment tout ce qu'elle peut pour nous être agréable ; petits plats, crèmes au chocolat, etc. Nous couchons dans une belle chambre dans un grand lit avec des draps blancs. Que c'est bon ! Nous avons chaud, nous sommes bien. Je me promène à cheval le matin.

deux secondes après on a des glaçons dans les cheveux.

3 Février 1917. Je viens de recevoir une lettre de mon professeur de Première au lycée de Laval, il me dit :

"Bon courage et que Dieu, à qui il faut bien croire un peu, vous protège !"

Et aussi une lettre de mon oncle Arthur de Paris avec un billet de cinq francs.

Nous ne faisons rien, sinon de faire boire les chevaux le matin et d'aller, nous, boire au "bistrot" l'après-midi.—

4 Février 1917. Nous partons. Quelle chance. Il fait froid à crever ici.—

6 Février 1917. Nous sommes près de Chalons sur Marne. Nous avons couvert près de cent kilomètres en deux jours.

11 Février 1917. Nous approchons de Meaux – va-t-on aller à Paris ?

12 Février 1917. Halte ! Repos ! Nous sommes à Coutevroult en Seine et Marne, un petit patelin de trois cents habitants. Mauriac et moi nous sommes logés chez Monsieur et Madame Borel, deux braves habitants de Coutevroult. Ils sont très gentils pour nous deux. Madame Borel fait vraiment tout ce qu'elle peut pour nous être agréable ; petits plats, crèmes au chocolat etc.. Nous couchons dans une belle chambre dans un grand lit avec des draps blancs que c'est bon ! Nous avons chaud, nous sommes bien. Je me promène à cheval le matin.

20 février 1917. Mes parents sont avec moi. Je suis heureux.

23 février 1917. Papa est déjà reparti pour reprendre son poste de médecin-major. Il a été bien heureux de voir son fils avec son régiment en tenue de guerre. Maman est restée. Bien des camarades sont jaloux et voudraient bien avoir leur mère ou leur femme près d'eux.

24 février 1917. On dit que l'on va partir. On irait entre Soissons et Reims et vingt-trois hommes par batterie iraient préparer les positions, dont une serait à huit cents mètres des premières lignes. Mais ce ne sont là que des bruits. Il pleut, c'est le dégel complet. Je crois que l'on va rester ici encore une quinzaine. Il faut bien cela pour aménager une position.

25 février 1917. Il tombe de la neige. On entend le grondement sourd du canon. On dit que les Boches préparent une nouvelle offensive sur Verdun et dans l'Aisne.

10 mars 1917. Je viens d'aller à une prise d'armes pour remise de Croix de guerre. Nous étions devant le château. Le lieutenant Chalumeau est cité à l'ordre du régiment pour avoir été maintes fois au fort de Souville quand nous étions à Verdun. Le lieutenant Gentiane qui était au fort de Vaux et qui nous a donné du vin et des cigarettes est cité à l'ordre de l'armée pour être resté quatre jours dans le fort. Nous, nous étions dehors ! Mais ça ne fait rien. Il est juste que les chefs soient récompensés. Le capitaine, après la revue nous a dit quelques paroles :

« Mes enfants, nous n'avons rien fait, tout nous reste à faire. Vive la France ! Vive le 35e d'artillerie ! »

20 Février 1917. Mes parents sont avec moi. Je suis heureux.

23 Février 1917. Papa est déjà reparti pour reprendre son poste de médecin-major. Il a été bien heureux de voir son fils avec son régiment en tenue de guerre. Maman est restée. Bien des camarades sont jaloux et voudraient bien avoir leur mère ou leur femmes près d'eux.

24 Février 1917. On dit que l'on va partir. On irait entre Soissons et Reims et vingt trois hommes par batterie iraient préparer les positions, dont une serait à huit cents mètres des premières lignes. Mais ce ne sont là que des bruits. Il pleut, c'est le dégèle complet. Je crois que l'on va rester ici encore une quinzaine. Il faut bien cela pour aménager une position.

25 Février 1917. Il tombe de la neige. On entend le grondement sourd du canon. On dit que les boches préparent une nouvelle offensive sur Verdun et dans l'Aisne....

10 Mars 1917. Je viens d'aller à une prise d'armes pour remise de Croix de guerre. Nous étions devant le Château. Le lieutenant Chalumeau est cité à l'ordre du Régiment pour avoir été maintes fois au Fort de Souville quand nous étions à Verdun. Le lieutenant Gentiane qui était au Fort de Vaux et qui nous a donné du vin et des cigarettes est cité à l'ordre de l'armée pour être resté quatre jours dans le Fort. Nous, nous étions dehors ! Mais ça ne fait rien. Il est juste que les chefs soient récompensés. Le capitaine, après la revue nous a dit quelques paroles :

« Mes enfants, nous n'avons rien fait, tout nous reste à faire. Vive la France ! Vive le 35ème d'Artillerie ! »

Maman … Février 1917

Maman est toujours là et m'a consolé de ne pas être cité. Je voudrais que nous restions au repos toujours, toujours.

17 mars 1917. Maman est partie. Elle est restée vingt-cinq jours avec moi à Coutevroult. Mais elle ne pouvait rester plus longtemps. Elle devait reprendre son poste d'infirmière et puis elle était ici dans la zone des armées et on aurait pu trouver drôle qu'elle reste si longtemps.

Je viens de voir mon frère. J'aurai vu toute la famille. J'étais en train de distribuer du vin lorsque mon frère, lieutenant d'infanterie au ministère de la Guerre, est descendu d'une auto portant un fanion, avec deux autres officiers. Ils venaient de Paris en tournée d'inspection, et mon frère s'est arrêté là sachant me trouver. Je suis content de l'avoir vu. Il est resté un quart d'heure.

19 mars 1917. Je vais à Quincy-Ségy demain pour six jours apprendre la T.S.F. Il est quatre heures de l'après-midi, il pleut. Cinq heures. Alerte ! Grande nouvelle ! On part au trot ! Tout doit être prêt dans deux heures. On part cette nuit. Je n'irai donc pas à Quincy.

J'envoie une dépêche à mes parents. Quelle vie ! Nous sommes toujours sur des épines !...

maman est toujours là et m'a consolé de ne pas être cité. Je voudrais que nous restions au repos toujours, toujours.

17 Mars 1917. Maman est partie. Elle est restée vingt cinq jours avec moi à Couteuvrouet. Mais elle ne pouvait rester plus longtemps. Elle devait reprendre son poste d'infirmière et puis elle était ici dans la zone des armées et on aurait pu trouver drôle qu'elle reste si longtemps.

Je viens de voir mon frère. J'aurai vu toute la famille. J'étais en train de distribuer du vin lorsque mon frère, lieutenant d'infanterie au ministère de la Guerre, est descendu d'un auto portant un fanion, avec deux autres officiers. Ils venaient de Paris en tournée d'inspection, et mon frère s'est arrêté là sachant me trouver. Je suis content de l'avoir vu. Il est resté un quart d'heure.

19 Mars 1917. Je vais à Quincy-Ségy demain pour six jours apprendre la T.S.F. Il est quatre heures de l'après-midi, il pleut. Cinq heures : Alerte ! grande nouvelle ! On part au trot ! Tout doit être prêt dans deux heures. On part cette nuit. Je n'irai donc pas à Quincy.

J'envoie une dépêche à mes parents. Quelle vie ! Nous sommes toujours sur des épines !...

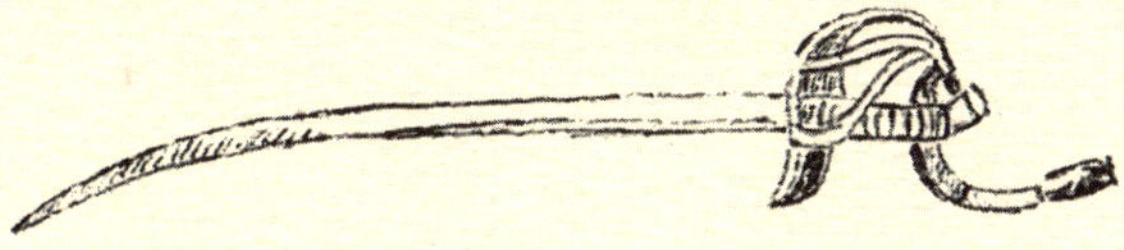

Vers Soissons. Le repli allemand.
L'offensive d'avril 1917.
La ferme Hurtebise. Craonne.

21 mars 1917. Nous avons couvert cent vingt kilomètres en deux jours, au petit trot, en nous reposant une heure de temps en temps, couchant la nuit où nous nous trouvions, sur la terre, sous les caissons pour être plus à l'abri. Il fait froid, et les membres sont raides d'avoir ainsi dormi en plein air et sur la terre humide. Les chevaux sont éreintés aussi.

22 mars 1917. Nous sommes en avant de Soissons que nous avons traversé hier la nuit tombante. Beaucoup de maisons sont démolies. Tous les volets sont clos, pas un civil, pas un chat, pas un chien ! /...

un coin de Craônne : l'Église . au fond la crête parcourue par le chemin des Dames

Vers Soissons. Le repli allemand.
L'offensive d'avril 1917.
La Ferme Hurtebise - Craônne.

21 Mars 1917. Nous avons couvert cent vingt kilomètres en deux jours, au petit trot, en se reposant une heure de temps en temps, couchant la nuit où nous nous trouvions, sur la terre, sous les caissons pour être plus à l'abri. Il fait froid et les membres sont raides d'avoir ainsi dormi en plein air et sur la terre humide. Les chevaux sont éreintés aussi.

22 Mars 1917. Nous sommes en avant de Soissons que nous avons traversé hier la nuit tombante. Beaucoup de maisons sont démolies. Tous les volets sont clos, pas un civil, pas un chat, pas un chien !

Tout est lugubre. Nos canons roulant sur les gros pavés de la rue principale font seuls un bruit infernal.

Nous sommes en rase campagne. On reste un jour en position, le lendemain on va plus loin. Les Boches foutent le camp comme des lapins.

Nous marchons avec les goumiers marocains. Ils sont superbes à voir avec leurs petits chevaux, leurs grands manteaux blancs et leurs grands étriers comme des plateaux de balance.

Nous repartons ce soir, toujours en avant. On couche sur la terre, il fait froid et beaucoup de vent. Je suis brigadier téléphoniste et agent de liaison en même temps.

23 mars 1917. Nous occupons une ancienne position boche. Tout a été saccagé avant de partir. Ils étaient très bien installés. Mon téléphone est dans la salle de douches. Ils avaient installé des douches ! Tout est cimenté.

On dit que les Boches se sont accrochés quelque part devant nous à trois kilomètres. Nous attaquons au petit jour demain. Le canon tonne. J'irai à l'attaque avec l'aspirant Capron et un téléphoniste. Ce sera la deuxième fois que j'irai à une attaque avec l'infanterie.

25 mars 1917. Les Boches sont plus loin. Ils ont évacué leurs positions sous notre feu d'artillerie. On les voyait très bien dans la plaine en bataillons serrés, mais trop loin pour tirer dessus. Un « coureur » d'infanterie qui nous aidait dans la liaison m'a prêté son « Lebel » et j'ai /...

Tout est lugubre. Nos canons roulant sur les gros pavés de la rue principale font seuls un bruit infernal.

Nous sommes en rase campagne, on reste un jour en position, le lendemain on va plus loin. Les boches foutent le camp comme des lapins.

Nous marchons avec les goumiers marocains. Ils sont superbes à voir avec leurs petits chevaux, leurs grands manteaux blancs et leurs grands étriers comme des plateaux de balance.

Nous repartons ce soir - toujours en avant. On couche sur la terre, il fait froid et beaucoup de vent. Je suis brigadier téléphoniste et agent de liaison en même temps.

23 Mars 1917. Nous occupons une ancienne position boche. Tout a été saccagé avant de partir. Ils étaient très bien installés. Mon téléphone est dans la salle de douches. Ils avaient installé des douches! Tout est cimenté.

On dit que les boches se sont accrochés quelque part, devant nous à trois kilomètres. Nous attaquons au petit jour demain. Le canon tonne. J'irai à l'attaque avec l'Aspirant Capron et un téléphoniste. Ce sera la deuxième fois que j'irai à une attaque avec l'Infanterie.

25 Mars 1917. Les boches sont plus loin. Ils ont évacué leurs positions sous notre feu d'artillerie. On les voyait très bien dans la plaine en bataillons serrés, mais trop loin pour tirer dessus. Un "coureur" d'Infanterie qui nous aidait dans la liaison m'a prêté son "Lebel" et j'ai

tiré quelques coups en direction des « dos verts ». Mais je n'ai pu apprécier les résultats.

J'ai déroulé quatorze bobines de fil téléphonique contenant chacune mille mètres de fil. Cela fait quatorze kilomètres.

Un sale avion boche est venu nous voir alors qu'on réparait une ligne coupée, dans la plaine, près d'une grande route bordée de peupliers. Quand nous l'avons vu, il était à environ deux cents mètres au-dessus de nous. Il nous avait certainement bien repérés, car aussitôt il est descendu sur nous en piquant. Nous nous sommes couchés par terre, les mains sur la tête, comme si cela devait nous protéger. Mon camarade avait mis la boîte du téléphone sur son dos. L'avion boche est descendu très bas et a tiré sur nous avec sa mitrailleuse. Nous avons eu chaud. À chaque rafale, j'avais la sensation qu'une balle allait me traverser le dos. Mais pas une ne nous a atteints. On ne bougeait pas. On respirait à peine. Au bout de quelques minutes qui nous ont semblé bien longues, l'avion est parti. Nous avons attendu qu'il soit à perte de vue pour nous relever et malgré le froid et le vent, la sueur nous coulait sur les joues. Nous avons eu très peur et on reparlera souvent de ce sale Boche. Nous sommes revenus à la position de batterie et tout d'un coup j'ai pensé que nous avions oublié de réparer la ligne téléphonique. Ce sacré avion nous a fait perdre la tête...

tiré quelques coups en direction des "dos verts" mais je n'ai pu apprécier les résultats.

J'ai déroulé quatorze bobines de fil téléphonique contenant chacune mille mètres de fil. Cela fait quatorze kilomètres.

Un sale avion boche est venu nous voir alors qu'on réparait une ligne coupée, dans la plaine, près d'une grande route bordée de peupliers. Quand nous l'avons vu il était à environ deux cents mètres au dessus de nous. Il nous avait certainement bien repéré, car aussitôt il est descendu sur nous en piquant. Nous nous sommes couchés par terre, les mains sur la tête, comme si cela devait nous protéger. Mon camarade avait mis la boîte du téléphone sur son dos. L'avion boche est descendu très bas et a tiré sur nous avec sa mitrailleuse. Nous avons eu chaud. A chaque rafale, j'avais la sensation qu'une balle allait me traverser le dos. Mais pas une ne nous a atteint. On ne bougeait pas. On respirait à peine. Au bout de quelques minutes qui nous ont semblé bien longues, l'avion est parti. Nous avons attendu qu'il soit à perte de vue pour nous relever et malgré le froid et le vent, la sueur nous coulait sur les joues. Nous avons eu très peur et on reparlera souvent de ce sale boche. Nous sommes revenus à la position de batterie et tout d'un coup j'ai pensé que nous avions oublié de réparer la ligne téléphonique. Ce sacré avion nous a fait perdre la tête......

26 mars 1917. Nous sommes maintenant encore plus en avant. Mais les Boches ont l'air de résister vigoureusement. Nous sommes complètement à découvert et nous faisons des trous pour nous abriter. Il fait beau, mais très froid et le vent souffle en rafales. Les Boches avaient cultivé les champs par ici, ils ont semé de grandes étendues en blé et en avoine. Mais dans les villages et les vergers, ils ont abattu tous les pommiers, détruit et incendié tout sur leur passage. Quelle dévastation ! Nous avons dû, tout de même, perdre beaucoup d'hommes dans cette avance, car on voit de nombreux cadavres français. On ne peut pas se figurer l'aspect d'horreur qu'offrent les ruines d'un village incendié, pillé, massacré ; des meubles épars jonchent le sol. Là, une armoire éventrée, là une chaise défoncée, plus loin un matelas ouvert qui laisse échapper sa laine souillée de boue et, par-ci par-là, des cadavres de soldats, quelquefois trois ou quatre les uns sur les autres, français et allemands. Quelle bataille ! Un cheval de goumier avec sa belle selle rouge et or barre la route. Il est sur le flanc, ses naseaux laissent couler du sang. Il a une large ouverture au ventre qui saigne et qui fume. Il ne doit pas y avoir longtemps qu'il est là. On est obligés de le déplacer à quatre hommes pour passer.

Quelques camarades ont fouillé dans les sacs des fantassins morts et ont rapporté des chemises et du chocolat. Si les officiers les avaient vus ! Et pourtant toutes ces choses sont perdues. Un camarade m'a rapporté une « Croix de fer » qu'il a arrachée à la tunique d'un cadavre allemand. /...

26 Mars 1917. Nous sommes maintenant encore plus en avant. Mais les boches ont l'air de résister vigoureusement. Nous sommes complètement à découvert et nous faisons des trous pour nous abriter. Il fait beau, mais très froid et le vent souffle en rafale. Les boches avaient cultivé les champs par ici, ils ont semé de grandes étendues en blé et en avoine. Mais dans les villages et les vergers, ils ont abattu tous les pommiers, détruit et incendié tout sur leur passage. Quelle dévastation! Nous avons dû, tout de même, perdre beaucoup d'hommes dans cette avance, car on voit de nombreux cadavres français. On ne peut pas se figurer l'aspect d'horreur qu'offrent les ruines d'un village incendié, pillé, massacré; des meubles épars jonchent le sol. Là, une armoire éventrée, là une chaise défoncée, plus loin un matelas ouvert qui laisse échapper sa laine souillée de boue, et, par çi par là des cadavres de soldats, quelques fois trois ou quatre les uns sur les autres, français et allemands. Quelle bataille. Un cheval de goumier avec sa belle selle rouge et or, barre la route. Il est sur le flanc, ses naseaux laissent couler du sang. Il a une large ouverture au ventre qui saigne et qui fume. Il ne doit pas y avoir longtemps qu'il est là. On est obligé de le déplacer à quatre hommes pour passer.

Quelques camarades ont fouillé dans les sacs des fantassins morts et ont rapporté des chemises et du chocolat. Si les officiers les avaient vu! Et pourtant toutes ces choses sont perdues. Un camarade m'a rapporté une "Croix de Fer" qu'il a arraché à la tunique d'un cadavre allemand.

Je n'en veux pas. Quand j'en trouverai une par terre je la ramasserai, mais quelle horreur de dépouiller un mort !

Nous sommes installés, nous les téléphonistes, dans un petit caveau d'une maison en ruine. Seule la cave a l'air d'avoir résisté, on devait mettre du vin en bouteilles à cet endroit car il y a encore des bouteilles vides et une barrique. Il y a plusieurs petits caveaux côte à côte. C'était peut-être un marchand de vin… Mais il n'y a plus de vin ! Mon camarade Mauriac qui est du Midi est gai et il chante souvent :

« Marseille, Bordeaux,
Canebière et Prado,
Chez nous les vérités poussent comme des roses…
Pays charmang…
Aux récits épatangs…
Chez nous on voit surtout de grandes
Cho…o…oses ! »

1er avril 1917. Je dois aller en permission dans dix jours. Pourvu que je sois encore vivant ! Mais je plaisante car je n'aurai jamais rien. Je sens ça !

Je n'ai pas reçu de lettres de mes parents depuis quelques jours, ni de colis. Il paraît qu'il y a eu un wagon de colis et de lettres qui a brûlé avec le vaguemestre dedans.

13 avril 1917. C'est l'offensive /…

Je n'en veux pas. Quand j'en trouverai une par terre je la ramasserai, mais quelle horreur de dépouiller un mort.

Nous sommes installés, nous les téléphonistes dans un petit caveau d'une maison en ruine. Seule la cave a l'air d'avoir résisté, on devait mettre du vin en bouteilles à cet endroit car il y a encore des bouteilles vides et une barrique. Il y a plusieurs petits caveaux côte à côte. C'était peut-être un marchand de vin.. mais il n'y a plus de vin! Mon camarade Mauriac qui est du midi est gai et il chante souvent :

« Marseille, Bordeaux,
« Cannebière et Prado,
« Chez nous les vérités poussent comme des
« roses..
« Pays charmang...
« aux récits épatangs..
« Chez nous on voit surtout de grandes
« cho..o..oses !

1er avril 1917. Je dois aller en permission dans dix jours. Pourvu que je sois encore vivant. Mais je plaisante car je n'aurai jamais rien. Je sens ça !

Je n'ai pas reçu de lettres de mes parents depuis quelques jours, ni de colis. Il paraît qu'il y a eu un wagon de colis et de lettres qui a brûlé ~~avec~~ le vaguemestre dedans.

13 avril 1917. C'est l'offensive

en plein. Depuis le 3 avril, nous nous déplaçons tout le temps, mettant en batterie en plein champ. Nous ne tirons pas à plus de douze cents mètres. Nous sommes en même temps les enfonceurs et les poursuivants. Nous mangeons très mal et quand on en a le temps. Depuis deux jours nous n'avons pas touché de pain. Le ravitaillement n'est pas arrivé. On mange nos vivres de réserve, c'est-à-dire du chocolat et du « pain de guerre » qui sent le moisi depuis le temps que nous l'avons sur nous. Le lieutenant Leblanc m'a demandé un peu de beurre ! Des fantassins passent toujours, blessés, vers l'arrière. Chez nous, nous avons assez de chance, pas de tué depuis le 26 mars, deux blessés seulement. Mais, par contre, trente-deux chevaux tués à l'échelon hier soir par une grosse marmite, un « 210 » probablement. On va être obligés de demander des chevaux en renfort.

18 avril 1917. Les permissions sont suspendues. Je ne sais pas quand je partirai maintenant. Il fait froid et il pleut. On couche par terre. C'est dur ! Mais on ne s'en fait pas trop, on a même pris l'habitude de dire quand on arrive quelque part :

« Tiens, on n'est pas trop mal ici ! »

ou encore :

« Pourquoi se tourner les sangs ainsi ! »

Le moral est bon. Nous avançons d'ailleurs, et les Boches fichent le camp.

La guerre va peut-être finir bientôt ? Je voudrais bien. Je n'ai pas peur de mourir, mais bien des copains déjà sont tombés près de moi, bien des obus m'ont envoyé leur souffle brûlant et c'est cela qui est triste et c'est cela qui n'est pas drôle...

en plein. Depuis le 8 avril nous nous déplaçons tout le temps, mettant en batterie en plein champ. Nous ne tirons pas à plus de douze cents mètres. Nous sommes en même temps les enfonceurs et les poursuivants. Nous mangeons très mal et quand on en a le temps. Depuis deux jours nous n'avons pas touché de pain. Le ravitaillement n'est pas arrivé. On mange nos vivres de réserve, c'est à dire du chocolat et du "pain de guerre" qui sent le moisi depuis le temps que nous l'avons sur nous. Le lieutenant Leblanc m'a demandé un peu de beurre! Des fantassins passent toujours, blessés, vers l'arrière. Chez nous, nous avons assez de chance, pas de tué depuis le 26 Mars, deux blessés seulement. Mais, par contre, trente deux chevaux tués à l'échelon hier soir par une grosse marmite, un "210" probablement. On va être obligé de demander des chevaux en renfort.

18 avril 1917. Les permissions sont suspendues. Je ne sais pas quand je partirai maintenant. Il fait froid et il pleut. On couche par terre. C'est dur! Mais on ne s'en fait pas trop, on a même pris l'habitude de dire quand on arrive quelque part :

"Tiens, on est pas trop mal ici!"

ou encore :

"Pourquoi se tourner les sangs ainsi!"

Le moral est bon. Nous avançons d'ailleurs, et les boches fichent le camp.

La guerre va peut être finir bientôt? Je voudrais bien. Je n'ai pas peur de mourir, mais bien des copains déjà, sont tombés près de moi, bien des obus m'ont envoyé leur souffle brûlant et c'est cela qui est triste et c'est cela qui n'est pas drôle......

La cathédrale de St Quentin photographiée dans la jumelle à ciseaux. août 1917.

... nous nous portons bien malgré
les obus toxiques... Août 1917.

la Batterie camouflée devant St Quentin. août 1917.

29 avril 1917. Nous sommes en position à la ferme Hurtebise, en face Craonne.

Ce matin, je suis monté en premières lignes retrouver le capitaine Chalumeau qui règle un tir sur les premières lignes allemandes qui se trouvent à *trente mètres* seulement. Avec un peu de bonne volonté on entendrait presque parler les Boches. Le capitaine Chalumeau qui est un as a réglé son tir à la perfection. Mais les obus ne passaient pas très haut au-dessus de nous, car pour tomber à trente mètres devant nous, c'était presque la fin de leur trajectoire et avec les « écarts probables » ! Heureusement aussi que les copains là-bas à la batterie ne se sont pas trompés de hausse !

On doit attaquer les premières lignes un de ces jours. Il faut bien avancer.

4 mai 1917. Je suis resté en première ligne avec le téléphone et le capitaine est reparti à la batterie.

Les fantassins ont attaqué les Boches à cinq heures le 2 mai à la grenade…

J'étais resté dans la tranchée française avec mon « coin-coin ». J'ai assisté à trente mètres à l'attaque. C'est plutôt ce qu'on nomme dans les communiqués un « coup de main » car nous occupons seulement les premières lignes allemandes. Ils se sont repliés sur leur deuxième ligne, les Boches, à deux cents mètres de là environ.

Un petit fantassin de Caen avec qui j'avais fait connaissance et qui était bien gentil est resté sur le parapet de la tranchée au moment de l'enjamber. Il avait reçu une grenade « à manche » dans la poitrine.

29 avril 1917. Nous sommes en position à la Ferme Hurtebise, en face Craônne.

Ce matin je suis monté en premières lignes retrouver le Capitaine Chalumeau qui règle un tir sur les premières lignes allemandes qui se trouvent à trente mètres seulement. Avec un peu de bonne volonté on entendrait presque parler les boches. Le capitaine Chalumeau qui est un as a réglé son tir à la perfection. Mais les obus ne passaient pas très haut au dessus de nous, car pour tomber à trente mètres devant nous, c'était presque la fin de leur trajectoire et avec les "écarts probables" ! Heureusement aussi que les copains là-bas à la batterie ne se sont pas trompés de hausse !

On doit attaquer les premières lignes un de ces jours. Il faut bien avancer.

4 mai 1917. Je suis resté en première ligne avec le téléphone et le Capitaine est reparti à la batterie.

Les fantassins ont attaqué les boches à cinq heures le 2 mai à la grenade....

J'étais resté dans la tranchée française avec mon "coin-coin". J'ai assisté à trente mètres à l'attaque. C'est plutôt ce qu'on nomme dans les communiqués un "coup de main" car nous occupons seulement les premières lignes allemandes. Ils se sont repliés sur leur deuxième ligne, les boches, à deux cents mètres de là environ.

Un petit fantassin de Caen avec qui j'avais fait connaissance et qui était bien gentil est resté sur le parapet de la tranchée au moment de l'enjamber. Il avait reçu une grenade "à manche" dans la poitrine.

Elles sont terribles leurs sacrées grenades quand elles éclatent, elles n'éclatent pas toujours d'ailleurs. Pendant l'attaque, j'en ai compté soixante-dix qui ont éclaté devant le parapet et je crois bien que le petit soldat de Caen qui était juste devant moi m'a protégé avec son corps. La ligne téléphonique a été coupée seize fois. Je l'ai réparée quinze fois, à la seizième fois j'ai tout foutu en l'air, fil et appareil, par-dessus le parapet. J'étais un peu énervé. Je dirai au capitaine qu'un obus est tombé dessus. J'ai alors pris mon projecteur électrique et j'ai continué la communication avec le poste d'observation de la batterie que l'on voit très bien d'ici. C'est bien plus pratique mais on est un peu plus à découvert. Le téléphone pendant une attaque est inutilisable, car la ligne est toujours coupée, hachée par les obus ou ce sont les fantassins qui s'entortillent les pieds dedans et c'est la même chose ! Quelle invention !

J'ai vu une quinzaine de Boches qui se rendaient en levant les bras et en criant :

« *Kamerad ! Kamerad !* »

L'attaque a duré trois quarts d'heure. Je suis seul maintenant dans l'ancienne tranchée française. Les fantassins sont à trente mètres de là dans la tranchée allemande conquise. Je vais m'installer pour la nuit.

7 mai 1917. Il y a deux jours que je suis là. Il paraît que je vais être relevé bientôt. Tant mieux. Mais il paraît aussi que ce n'est pas drôle de redescendre à la batterie. Tout le chemin creux est bombardé.

8 mai 1917. Le retour à la batterie a été dur. J'ai été bombardé tout le long du chemin. /...

Elles sont terribles leurs sacrées grenades quand elles éclatent, elles n'éclatent pas toujours d'ailleurs. Pendant l'attaque, j'en ai compté soixante dix qui ont éclaté devant le parapet et je crois bien que le petit soldat de Caen qui était juste devant moi m'a protégé avec son corps. La ligne téléphonique a été coupée seize fois. Je l'ai réparée quinze fois, à la seizième fois j'ai tout foutu en l'air, fil et appareil, par dessus le parapet, j'étais un peu énervé. Je dirai au Capitaine qu'un obus est tombé dessus. J'ai alors pris mon projecteur électrique et j'ai continué la communication avec le poste d'observation de la batterie que l'on voit très bien d'ici. C'est bien plus pratique mais on est un peu plus à découvert. Le téléphone pendant une attaque est inutilisable, car la ligne est toujours coupée, hachée par les obus ou ce sont les fantassins qui s'entortillent les pieds dedans et c'est la même chose ! quelle invention !

J'ai vu une quinzaine de boches qui se rendaient en levant les bras et en criant :

« Kamarad ! Kamarad ! »

L'attaque a duré trois quart d'heure. Je suis seul maintenant dans l'ancienne tranchée française. Les fantassins sont à trente mètres de là dans la tranchée allemande conquise. Je vais m'installer pour la nuit.

7 Mai 1917. Il y a deux jours que je suis là. Il parait que je vais être relevé bientôt. Tant mieux. Mais il parait aussi que ce n'est pas drôle de redescendre à la Batterie. Tout le chemin creux est bombardé.

8 mai 1917. Le retour à la Batterie a été dur. J'ai été bombardé tout le long du chemin.

C'est à croire qu'ils me voyaient. Pourtant ces obus ne m'étaient pas destinés. Dans le chemin creux il y avait beaucoup de trous d'obus déjà et un petit âne coupé en deux. Il ne lui restait plus que les pattes de derrière, la croupe et la queue. Pauvre petite bête ! Ce devait être un âne pour traîner une mitrailleuse. Pas beaucoup de cadavres français. Il doit y en avoir de l'autre côté du chemin.

12 mai 1917. La journée a été terrible. Depuis ce matin, nous sommes bombardés par de gros obus et par des avions qui ont jeté des torpilles sur la batterie. Nous sommes certainement repérés.

Le capitaine nous a exhortés au courage. Pourquoi ? Nous sommes tous courageux et nous n'avons pas peur de la mort.

Deux abris ont été démolis par les torpilles. Le petit Mescam est tué. Maman l'avait bien connu à Coutevroult au repos. L'abri des téléphonistes n'a rien pris. Nous sommes donc invulnérables !

Ce soir nous avons été ravitaillés en obus. Mais quel ravitaillement épouvantable !

La colonne de munitions n'était pas arrivée au tournant du chemin près de la ferme, où l'on croit qu'il y a un espion, qu'un éclatement terrible s'est fait entendre. L'obus est tombé juste au milieu du ravitaillement. Quinze voitures détruites, cinquante-deux morts ou blessés. Seul le conducteur Le Pabic est resté sur son cheval. Il a coupé les traits des chevaux morts, dégagé les blessés et les morts et a attelé son attelage intact aux caissons restés debout et les a

C'est à croire qu'ils me voyaient. Pourtant ces obus ne m'étaient pas destinés. Dans le chemin creux il y avait beaucoup de trous d'obus déjà et un petit âne coupé en deux. Il ne lui restait plus que les pattes de derrière, la croupe et la queue. Pauvre petite bête! Ce devait être un âne pour traîner une mitrailleuse. – Pas beaucoup de cadavres français. Il doit y en avoir de l'autre côté du chemin. –

12 Mai 1917. La journée a été terrible. Depuis ce matin nous sommes bombardés par de gros obus et par des avions qui ont jeté des torpilles sur la batterie. Nous sommes certainement repérés.

Le Capitaine nous a exhorté au courage. Pourquoi! Nous sommes tous courageux et nous n'avons pas peur de la Mort.

Deux abris ont été démolis par les torpilles. Le petit Mescam est tué. Maman l'avait bien connu à Coutevroult au repos. L'abri des téléphonistes n'a rien pris. Nous sommes donc invulnérables!

Ce soir nous avons été ravitaillés en obus. Mais quel ravitaillement épouvantable.

La colonne de munitions n'était pas arrivée au tournant du chemin près de la Ferme, où l'on croit qu'il y a un espion, qu'un éclatement terrible s'est fait entendre. L'obus est tombé juste au milieu du ravitaillement. Quinze voitures détruites, cinquante deux morts ou blessés. Seul le Conducteur Le Pabic est resté sur son cheval. Il a coupé les traits des chevaux morts, dégagé les blessés et les morts et a attelé son attelage intact aux caissons restés debout et les a conduits à la batterie. Il a fait tout seul vingt voyages, au moins cinq cents mètres aller et retour.

C'est effrayant ce qu'un seul obus bien placé peut faire de dégâts !

Nous ne pouvions pas aller l'aider, nous étions en plein tir de barrage.

....

conduits à la Batterie. Il a fait tout seul vingt voyages, au moins cinq cents mètres aller et retour.

C'est effrayant ce qu'un seul obus bien placé peut faire de dégâts.

Nous ne pouvions pas aller l'aider, nous étions en plein tir de barrage.

....

Repos à Rollot-sur-Somme.

13 mai 1917. Je pars en permission ce soir. Je viens de toucher une veste et une culotte toutes neuves. Mes parents à me voir ne vont jamais croire tout ce que je leur ai raconté.

25 mai 1917. Impossible de retrouver le régiment. Je reviens de permission. J'ai déjà fait deux fois le voyage de Creil à Roye-sur-Matz et puis on m'a renvoyé au point de départ. Je repars ce soir pour Faverolles. Je suis bien heureux d'avoir emporté à manger. Il fait très chaud.

27 mai 1917. J'ai enfin retrouvé mon régiment ce matin dans un bois.

Au Cantonnement.

Repos à Rollot-sur-Somme.

13 mai 1917. Je pars en permission ce soir. Je viens de toucher une veste et une culotte toutes neuves. Mes parents à me voir ne vont jamais croire tout ce que je leur ai raconté.

25 mai 1917. Impossible de retrouver le régiment. Je reviens de permission. J'ai déjà fait deux fois le voyage de Creil à Roye-sur-Matz et puis on m'a renvoyé au point de départ. Je repars ce soir pour Faverolles. Je suis bien heureux d'avoir emporté à manger. Il fait très chaud.

27 Mai 1917. J'ai enfin retrouvé mon régiment ce matin dans un bois.

Nous sommes toujours en camp volant. Nous repartons demain matin de bonne heure. Il y a des moustiques et il fait une chaleur atroce.

28 mai 1917. Nous sommes à Crépy-en-Valois. Je viens de recevoir une lettre de mes parents et je suis content. J'ai déjà pris une dizaine de photos avec un petit « Vest-Pocket » rapporté de permission. J'ai photographié Le Pabic, le héros du ravitaillement en munitions de la ferme Hurtebise. Il paraît qu'il va recevoir la médaille militaire. Il ne l'a pas volée, celui-là !

29 mai 1917. J'ai causé allemand avec des prisonniers qui travaillaient dans une ferme. Ceux-là, ils ne s'en font pas !

30 mai 1917. Nous sommes à Rollot, dans la Somme, au repos.

31 mai 1917. Les permissions marchent bien maintenant. Tant mieux. Mon tour approche plus vite. On est si bien à la maison. J'irai peut-être au mois de septembre.

2 juin 1917. J'écris debout dans un champ en train de faire paître mon cheval maigre, qui ne profite pas du tout et le vétérinaire m'a engueulé hier. Malgré cela, il paraît que je suis proposé pour le grade de maréchal des logis.

3 juin 1917. Les hommes âgés du régiment, classes 1902-03-04-05-06 et 07 retournent au dépôt. Plusieurs chevaux, le mien est du nombre, retournent à l'arrière. Pauvre bête, je l'aimais bien !

Nous sommes toujours en camp-volant. Nous repartons demain matin de bonne heure. Il y a des moustiques et il fait une chaleur atroce.

28 mai 1917. Nous sommes à Crépy en Valois. Je viens de recevoir une lettre de mes parents et je suis content. J'ai déjà pris une dizaine de photos avec un petit « vest-pocket » rapporté de permission. J'ai photographié Le Pabic, le héros du ravitaillement en munitions de la Ferme Hurtebise. Il paraît qu'il va recevoir la médaille militaire. Il ne l'a pas volée, celui-là !

29 mai 1917. J'ai causé allemand avec des prisonniers qui travaillaient dans une ferme. Ceux-là, ils ne s'en font pas !

30 mai 1917. Nous sommes à Rollot, dans la Somme, au repos.

31 mai 1917. Les permissions marchent bien maintenant. Tant mieux, mon tour approche plus vite. On est si bien à la maison. J'irai peut-être au mois de Septembre.

2 juin 1917. J'écris debout dans un champ en train de faire paître mon cheval maigre, qui ne profite pas du tout et le vétérinaire m'a engueulé hier. Malgré cela, il paraît que je suis proposé pour le grade de maréchal des logis.

3 juin 1917. Les hommes âgés du régiment, classes 1902-03-04-05-06 et 07 retournent au dépôt. Plusieurs chevaux, le mien est du nombre, retournent à l'arrière. Pauvre bête je l'aimais bien !

au repos - Mai 1917

Il paraît aussi que les Boches ont décidé de s'en aller chez eux. C'est peut-être la fin de la guerre. Si cela pouvait être vrai. Tout le monde parle de cela ici...

14 juin 1917. Quarante permissionnaires d'un coup aujourd'hui. Ça sent mauvais. Où va-t-on nous mener ?

15 juin 1917. Mon cheval n'est pas parti. Je le garde, je suis heureux, nous sommes tellement habitués l'un à l'autre.

Nous faisons partie de la Troisième armée, général Humbert, le camarade de lycée à papa.

....

Il paraît aussi que les boches ont décidé de s'en aller chez eux. C'est peut-être la fin de la guerre. Si cela pourait être vrai. Tout le monde parle de cela ici.....

14 juin 1917. Quarante permissionnaires d'un coup aujourd'hui. Ça sent mauvais. Où va-t-on nous mener ?

15 juin 1917. Mon cheval n'est pas parti, je le garde, je suis heureux nous sommes tellement habitués l'un à l'autre.

Nous faisons partie de la troisième armée, général Humbert, le camarade de lycée à Papa.

....

Devant Saint-Quentin. Bombardement.

20 juin 1917. Nous quittons Rollot-sur-Somme. Nous avons parcouru quarante-cinq kilomètres à cheval. J'ai les fesses en marmelade. Nous couchons en plein champ, sous nos toiles de tente. Par ici, il n'y a plus un seul village debout. Tout est ruine et dévastation. Quelle tristesse ! Quelle misère de voir toutes ces petites maisons qui devaient être coquettes, avec le toit en tuiles rouges, abattues, effondrées, anéanties !

Il fait beau ce soir. C'est le calme complet au milieu de ces ruines et sous ce ciel rouge et flamboyant au coucher du soleil...

Maisons en ruine et le jardin abandonné. Juin 17.

Devant Saint-Quentin.

– Bombardement –

20 Juin 1917. Nous quittons Rollot-sur-Somme. Nous avons parcouru quarante cinq Kilomètres à cheval. J'ai les fesses en marmelade. Nous couchons en plein champ, sous nos toiles de tente. Par ici il n'y a plus un seul village debout. Tout est ruine et dévastation. Quelle tristesse. Quelle misère de voir toutes ces petites maisons qui devaient être coquettes, avec le toit en tuiles rouges, abattues, effondrées, anéanties!

Il fait beau ce soir. C'est le calme complet au milieu de ces ruines et sous ce ciel rouge et flamboyant au coucher du soleil......

21 juin 1917. Nous voilà repartis. Encore un peu de courage et d'effort. C'est peut-être la dernière étape, la dernière des dernières, et puis le retour à la maison dans un bon lit !

22 juin 1917. J'ai mangé des fraises et des groseilles dans un jardin abandonné. Le propriétaire n'a pas besoin d'être là, les fruits savent pousser tout seuls pour le poilu qui passe.

23 juin 1917. Nous venons de prendre un bain dans le canal de la Marne au Rhin. L'eau n'était pas froide. Nous avons fabriqué des petits canots avec des tôles ondulées que le maréchal de la batterie nous a soudées et on a été à la pêche avec des grenades pendant que les officiers n'étaient pas là. Mais nous n'avons pas pris de poisson.

24 juin 1917. Je fais fonction de chef de pièce, mais je n'ai pas encore les galons.

26 juin 1917. Nous voici arrivés en position encore une fois. Je suis chef de pièce à la troisième pièce.

27 juin 1917. Une « saucisse » boche nous observe. Pourvu que l'on ne soit pas repérés. Il fait très chaud et cette nuit il a fait de l'orage. Notre gourbi a été inondé. Nous sommes en face Saint-Quentin. On voit très bien la ville qui n'est pas démolie du tout, à part la cathédrale un peu. J'espère bien que nos canons et caissons rouleront un jour sur ses pavés. La cathédrale est très grande et les Boches y ont paraît-il un poste d'observation. Je ne suis plus chef de pièce. Je suis nommé brigadier de tir et je retourne ce soir au poste d'observation. J'aime bien cela.

28 juin 1917. Les Boches ne sont pas /...

21 juin 1917. Nous voilà repartis. Encore un peu de courage et d'effort. C'est peut-être la dernière étape, la dernière des dernières, et puis le retour à la maison dans un bon lit!......

22 juin 1917. J'ai mangé des fraises et des groseilles dans un jardin abandonné. Le propriétaire n'a pas besoin d'être là, les fruits savent pousser tout seul pour le Poilu qui passe.

23 juin 1917. Nous venons de prendre un bain dans le canal de la Marne au Rhin. L'eau n'était pas froide. Nous avons fabriqué des petits canots avec des toles ondulées que le maréchal de la Batterie nous a soudées et on a été à la pêche avec des grenades pendant que les officiers n'étaient pas là. Mais nous n'avons pas pris de poisson.

24 juin 1917. Je fais fonction de chef de pièce, mais je n'ai pas encore les galons.

26 juin 1917. Nous voici arrivés en position encore une fois. Je suis chef de pièce à la troisième pièce.

27 juin 1917. Une "saucisse" boche nous observe. Pourvu que l'on ne soit pas repéré. Il fait très chaud et cette nuit il a fait de l'orage. Notre gourbi a été inondé. Nous sommes en face St Quentin. On voit très bien la ville qui n'est pas démolie du tout, à part la cathédrale un peu. J'espère bien que nos canons et caissons rouleront un jour sur ses pavés. La cathédrale est très grande et les boches y ont paraît-il un poste d'observation. Je ne suis plus chef de pièce. Je suis nommé brigadier de tir et je retourne ce soir au poste d'observation. J'aime bien cela.

28 juin 1917. Les boches ne sont pas

.. nous venons de prendre un bain dans le canal ..

Juin 1917

trop méchants. Quand nous étions en première ligne pour régler le tir, ils auraient pu nous tuer vingt fois.

30 juin 1917. Le vieil aumônier de notre régiment, 83 ans ! est venu nous voir dans notre gourbi cet après-midi. Il nous a offert des cigarettes et nous a dit :

« Ah ! mes enfants, il faut vous attendre à passer un autre hiver, mais nous avons tous les atouts en main : les Américains avec leurs avions et leurs sous-marins. Enfin quand Dieu voudra, on les aura ! »

Quand il est sorti du gourbi, un obus a éclaté à cinq mètres, il est revenu dans notre trou à plat ventre, tout couvert de terre et de poussière.

« Ah ! bon Dieu ! a-t-il dit. Quelle bénédiction ! »

Une seconde de plus, tout de même, il y restait ce pauvre vieux ! Il est bien gentil d'ailleurs. Un jour il m'a dit :

« Vous savez, Dupré, si vous êtes grièvement blessé un jour, je ne viendrai pas vous confesser puisque vous n'êtes pas croyant, mais je vous soulagerai de mon mieux. »

Eh bien ! Cela est rudement beau ! Brave homme !

1er juillet 1917. Nous avons une position de batterie charmante en ce moment. Nous avons changé de place. Nous sommes sous bois, avec des petites tables en bois blanc et des petites tonnelles pour manger dehors. Tout le confort, quoi ! Des animaux domestiques, un petit chat, gentil comme tout, qui se plaît sur la culasse des canons et si quelques obus ne sifflaient pas au-dessus de nous, on se croirait au bois de Boulogne.

trop méchants. Quand nous étions en première ligne pour régler le tir, ils auraient pu nous tuer vingt fois.

30 juin 1917. Le vieil aumonier de notre régiment, 83 ans ! est venu nous voir dans notre gourbi cet après-midi. Il nous a offert des cigarettes et nous a dit :

"Ah ! mes enfants, il faut vous attendre à passer un autre hiver, mais nous avons tous les atouts en main : les américains avec leurs avions et leurs sous-marins. Enfin quand Dieu voudra, on les aura !"

Quand il est sorti du gourbi, un obus a éclaté à cinq mètres, il est revenu dans notre trou à plat-ventre, tout couvert de terre et de poussière.

"Ah ! bon Dieu !" a-t-il dit
"Quelle bénédiction !"

Une seconde de plus, tout de même, il y restait ce pauvre vieux ! Il est bien gentil d'ailleurs. Un jour il m'a dit :

"Vous savez, Dupré, si vous êtes grièvement blessé un jour, je ne viendrais pas vous confesser puisque vous n'êtes pas croyant, mais je vous soulagerais de mon mieux."

Eh bien ! cela c'est rudement beau ! Brave homme !

1er juillet 1917. Nous avons une position de batterie charmante en ce moment. Nous avons changé de place. Nous sommes sous bois, avec des petites tables en bois blanc et des petites tonnelles pour manger dehors. Tout le confort, quoi !, des animaux domestiques, un petit chat, gentil comme tout qui se plait sur la culasse des canons et si quelques obus ne sifflaient pas au dessus de nous, on se croirait au bois de Boulogne.

Il ne manque plus que quelques poules !

Mauriac s'est déguisé en garçon de café et avec une serviette sous le bras, il passe autour des tables en disant :

« Que faut-il servir à ces messieurs et dames ? »

Je viens d'écrire à mes parents et j'envoie une petite pensée à maman cueillie par un de mes téléphonistes qui en me la donnant m'a dit :

« Tiens, tu donneras ça à ta maman, moi je n'ai plus la mienne de maman et ceux qui en ont une font bien de l'aimer de tout leur cœur. »

Ils ont tous bon cœur, d'ailleurs, ces hommes-là, ils sont presque tous mariés et pères de famille, et c'est moi le plus jeune qui les commande, ils m'écoutent sans rouspéter et me nomment « Petit ».

2 juillet 1917. Nous avons été repérés. Notre belle position de batterie avec nos petites tables et nos petites tonnelles, tout est démoli, saccagé.

C'est ce matin que cela a commencé. Le lieutenant Leblanc était grimpé dans un arbre pour régler le tir sur les tranchées boches vers sept heures ce matin. Il y avait à peine vingt minutes qu'il était perché qu'un « fusant » a éclaté à vingt mètres de la lisière du bois et à quinze mètres en l'air, puis tout de suite un autre, juste au-dessus de la batterie à cinq mètres de haut. Il est alors descendu précipitamment de son perchoir et nous a dit :

« Rentrez tous, personne dehors, personne aux pièces, nous sommes repérés. »

En effet, après une accalmie de quelques minutes, le premier « percutant » est tombé juste à la lisière du bois, le deuxième derrière nous dans

Il ne manque plus que quelques poules !

Mauriac s'est déguisé en garçon de café et avec une serviette sous le bras, il passe autour des tables en disant :

« que faut-il servir à ces messieurs et dames ? »

Je viens d'écrire à mes parents et j'envoie une petite pensée à maman cueillie par un de mes téléphonistes qui en me la donnant m'a dit :

« Tiens, tu donneras ça à ta maman, moi je n'ai plus la mienne de maman et ceux qui en ont une font bien de l'aimer de tout leur cœur »

Ils ont tous bon cœur, d'ailleurs ces hommes là, ils sont presque tous mariés et pères de famille et c'est moi le plus jeune qui les commande, ils m'écoutent sans rouspéter et me nomment « Petit ».

2 Juillet 1917. Nous avons été repéré. Notre belle position de batterie avec nos petites tables et nos petites tonnelles, tout est démoli, saccagé.

C'est ce matin que cela a commencé. Le lieutenant Leblanc était grimpé dans un arbre pour régler le tir sur les tranchées boches vers sept heures ce matin. Il y avait à peine vingt minutes qu'il était perché qu'un "fusant" a éclaté à vingt mètres de la lisière du bois et à quinze mètres en l'air, puis tout de suite un autre, juste au dessus de la batterie à cinq mètres de haut. Il est alors descendu précipitemment de son perchoir et nous a dit :

« Rentrez tous, personne dehors, personne aux pièces, nous sommes repérés. »

En effet, après une accalmie de quelques minutes, le premier "percutant" est tombé juste à la lisière du bois, le deuxième derrière nous dans la plaine, le troisième juste au milieu, coupant net notre beau cerisier, plein de cerises, sur lequel venait tous les soirs chanter un beau petit rossignol. Le quatrième encore au milieu. Puis, plus rien pendant une bonne demi-heure… Alors, tout le monde, petit à petit, est ressorti de ses trous. Le lieutenant Gentiane s'est assis sur un banc et a commencé à se faire raser par Le Bellec. Le calme était complet.

Tout d'un coup, un sifflement et un éclatement. Un obus venait d'éclater à deux mètres du lieutenant et du barbier, un éclat coupant net le bras de Le Bellec, le bras droit qui tenait le rasoir, le lieutenant était indemne. Quelques camarades ont transporté Le Bellec qui saignait comme un bœuf dans le gourbi du capitaine Chalumeau, tout près de là. À peine était-il rentré qu'un autre « percutant » a éclaté au milieu de la position. Puis le bombardement n'a pas cessé à partir de ce moment-là d'une façon régulière. Toutes les minutes un obus éclatait et puis ils se sont mis à tirer des obus à retardement de gros calibre qui s'enfonçaient d'abord dans le sol et éclataient ensuite à un mètre de profondeur. Nous, nous étions le dos courbé dans notre abri, sans dire un mot, pensant tout le temps qu'un obus allait nous tomber dessus. Ce n'était pas drôle du tout. Par suite des secousses des éclatements, la terre nous tombait sur la tête entre les rondins de l'abri et l'escalier de notre sape commençait à se combler de pierres et de branches arrachées. Le pauvre Chatelier était tout désemparé.

« Bon Dieu, on va mourir là, vous allez voir, les gars, ça va nous tomber dessus. » Et tout son grand corps tremblait à chaque éclatement. Le petit Rousseleau, lui, dans son coin était en train d'écrire.

la plaine, le troisième juste au milieu, coupant net notre beau cerisier, plein de cerises, sur lequel venait tous les soirs chanter un beau petit rossignol. Le quatrième encore au milieu. Puis, plus rien pendant une bonne demie-heure... alors, tout le monde, petit à petit est ressorti de ses trous. Le lieutenant Gentiane s'est assis sur un banc et a commencé à se faire raser par Le Bellec. Le calme était complet.

Tout d'un coup, un sifflement et un éclatement. Un obus venait d'éclater à deux mètres du lieutenant et du barbier, un éclat coupant net le bras de Le Bellec, le bras droit qui tenait le rasoir, le lieutenant était indemne. Quelques camarades ont transporté Le Bellec qui saignait comme un bœuf dans le gourbi du capitaine Chalumeau, tout près de là. A peine était-il rentré qu'un autre « percutant » a éclaté au milieu de la position. Puis le bombardement n'a pas cessé à partir de ce moment là d'une façon régulière. Toutes les minutes un obus éclatait et puis ils se sont mis à tirer des obus à retardement de gros calibre qui s'enfonçaient d'abord dans le sol et éclataient ensuite à un mètre de profondeur. Nous, nous étions le dos courbé dans notre abri, sans dire un môt, pensant tout le temps qu'un obus allait nous tomber dessus. Ce n'était pas drôle du tout. Par suite des secousses des éclatements la terre nous tombait sur la tête entre les rondins de l'abri et l'escalier de notre sape commençait à se combler de pierres et de branches arrachées. Le pauvre Chatelier était tout désemparé :

« Bon Dieu, on va mourir là, vous allez voir, les gars, ça va nous tomber dessus. »

Et tout son grand corps tremblait à chaque éclatement. Le petit Rousseleau, lui, dans son coin était en train d'écrire.

Heureusement que Mauriac nous faisait encore rire un peu avec son fort accent du Midi et ses boutades.

« Il n'y a pas plus de risque de rire sous un bombardement que de trembler et c'est plus beau ! »

Il nous lançait cela quand les obus tardaient à éclater et il en imitait le bruit, fort bien d'ailleurs.

Deux camarades ont mis le nez dehors entre deux éclatements pour se rendre compte et ils ont remarqué un avion boche à trois cents mètres environ au-dessus de la position qui réglait le tir de son artillerie sur notre batterie.

Le bombardement a duré de sept heures du matin, moment où ont commencé à éclater les premiers « fusants », jusque vers midi.

Le pauvre Le Bellec était resté dans la « cagna » du capitaine. On lui avait ligoté ce qui lui restait de bras pour éviter une trop grande hémorragie. Les lignes téléphoniques, comme toujours reliant les divers gourbis, étaient hachées et personne ne se serait risqué à aller les réparer.

Le capitaine Chalumeau nous a appelés à un moment. Il avait besoin de paquets de pansements pour le bras de Le Bellec :

« Cinquième pièce ! Cinquième pièce ! Apportez-moi des paquets de pansements. »

C'était nous, les téléphonistes, la cinquième pièce !

« C'est toujours nous qui marchons quand il y a un coup dur », s'écria Chatelier.

Puis on s'est tous regardés :

« Qui est-ce qui y va ? »

Heureusement que Mauriac nous faisait encore rire un peu avec son fort accent du midi et ses boutades:

« Il n'y a pas plus de risque de rire sous un bombardement que de trembler et c'est plus beau ! »

Il nous lançait cela quand les obus tardaient à éclater et il en imitait le bruit, fort bien d'ailleurs.

Deux camarades ont mis le nez dehors entre deux éclatements pour se rendre compte et ils ont remarqué un avion boche à trois cents mètres environ au dessus de la position qui réglait le tir de son artillerie sur notre batterie.

Le bombardement a duré de sept heures du matin, moment où ont commencé à éclater les premiers "fusants", jusque vers midi.

Ce pauvre Le Bellec était resté dans la "cagna" du Capitaine. On lui avait ligoté ce qui lui restait de bras pour éviter une trop grande hémorragie. Les lignes téléphoniques, comme toujours, reliant les divers gourbis, étaient hachées et personne ne se serait risqué à aller les réparer.

Le capitaine Chalumeau nous a appelé à un moment. Il avait besoin de paquets de pansements pour le bras de Le Bellec :

« Cinquième pièce ! Cinquième pièce ! apportez-moi des paquets de pansements »

C'était nous les téléphonistes, la cinquième pièce !

« C'est toujours nous qui marchons quand il y a un coup dur » s'écria Chatelier.

Puis on s'est tous regardé :

« Qu'est-ce qui y va ? »

50-1 1er juillet 1917
mes chers parents.

... notre beau cerisier ... juillet 1917

et l'avion qui réglait le tir ....

Nous étions tous debout pour sortir avec chacun deux ou trois paquets de pansements.

Alors j'ai dit :

« Allons les gars ! Pas tous à la fois, ça sert à rien. Donnez-moi vos paquets. »

J'en ai mis deux dans mon casque, trois dans chaque poche et un dans chaque main et attention ! Le brave Mauriac me retient et me dit :

« Eh ! petit, atteng au moinss que le prochaing obuss arrive ! »

En effet, c'était plus prudent puisque le tir était assez régulier, toutes les minutes environ… un éclatement terrible… ça y est ! Je n'ai qu'une minute pour parcourir les cinquante mètres qui séparent notre gourbi de celui du capitaine.

Je m'élance, je saute par-dessus un arbre démoli, je tombe dans un trou d'obus, je me relève, je resaute. J'arrive tête baissée dans l'abri du capitaine… un éclatement brutal… l'obus suivant venait d'éclater… Ils n'étaient pas espacés de minute en minute, ces deux-là, car certainement je n'ai pas mis vingt secondes à faire le trajet. J'ai eu chaud.

« Allez, retournez chez vous », me dit le capitaine Chalumeau.

Mais j'ai attendu qu'un obus éclate pour me sauver et pendant ces quelques secondes j'ai vu le pauvre Le Bellec avec son bras emmailloté de linge tout rouge et le sang qui coulait goutte à goutte par terre. Le lieutenant Gentiane était resté là, avec du savon à barbe séché sur la figure et le pauvre Le Bellec qui faisait :

« Aoh ! Aoh ! Mon bras ! »

nous étions tous debout pour sortir avec chacun deux ou trois paquets de pansements.

Alors j'ai dit :

« Allons les gars ! partons à la fois, ça sert à rien. Donnez-moi vos paquets. »

J'en ai mis deux dans mon casque, trois dans chaque poche et un dans chaque main et attention ! Le brave Mauriac me retient et me dit :

« Eh ! petit, attenq au moinss que le prochaing obuss arrive ! »

En effet c'était plus prudent puisque le tir était assez régulier, toutes les minutes environ. .... un éclatement terrible ... ça y est ! Je n'ai qu'une minute pour parcourir les cinquante mètres qui séparent notre gourbi de celui du Capitaine.

Je m'élance, je saute par dessus un arbre démoli, je tombe dans un trou d'obus, je me relève, je resaute. J'arrive tête baissée dans l'abri du Capitaine .... un éclatement brutal ... l'obus suivant venait d'éclater .... Ils n'étaient pas espacés de minute en minute, ces deux là, car certainement je n'ai pas mis vingt secondes à faire le trajet. J'ai eu chaud.

« Allez, retournez chez vous »
me dit le Capitaine Chalumeau.

Mais j'ai attendu qu'un obus éclate pour me sauver et pendant ces quelques secondes j'ai vu le pauvre Le Bellec avec son bras emmailloté de linge tout rouge et le sang qui coulait goutte à goutte par terre. Le lieutenant Gentiane était resté là, avec du savon à barbe séché sur la figure et le pauvre Le Bellec qui faisait :

« Aoh ! Aoh ! mon bras ! »

« Cinquième pièce ! Cinquième pièce ! »

Ah ! alors voilà encore le capitaine qui gueule.

« Présent »,

répond Mauriac.

« Allez chercher le major au P.C., et vite. Désignez quelqu'un, Dupré »,

dit encore le capitaine.

Allons bon ! Il faut que je désigne quelqu'un pour aller chercher le major au poste du commandant qui est au moins à huit cents mètres de là. Cela fait plus d'un kilomètre et demi aller et retour, et il y a toute la position à traverser sous le bombardement. Il faut donc que je désigne quelqu'un pour aller à la mort !

Et comme j'hésitais, voilà Mauriac qui ajuste son casque…

« T'en fais pas, petit ! J'y vais, tu comprends, les obuss ils ont peurre de moi ! »

… et il est parti en courant… et le grand Chatelier, l'ancien valet de chambre a dit :

« Ça c'est sûr, il ne reviendra pas. »

… Mauriac est revenu tout de même, au bout de trois quarts d'heure, en sueur, au galop, la tête la première dans le gourbi :

« Ah ! le cochon, le salaud, le salaud, il a failli me faire crever au moinss quinze fois ! Et il n'a pas voulu venir, le major. »

En effet, le major n'a pas voulu se /…

« Cinquième pièce ! Cinquième pièce ! »

Ah ! alors, voilà encore le Capitaine qui gueule !

« Présent »

répond Mauriac.

« Allez chercher le Major au P.C, et vite ! Désignez quelqu'un Dupré »

dit encore le Capitaine.

Allons bon ! il faut que je désigne quelqu'un pour aller chercher le Major au poste du commandant qui est au moins à huit cents mètres de là. Cela fait plus d'un kilomètre et demi aller et retour, et il y a toute la position à traverser sous le bombardement. Il faut donc que je désigne quelqu'un pour aller à la mort !

Et comme j'hésitais, voilà Mauriac qui ajuste son casque....

« T'en fais pas, petit ! j'y vais, tu comprends, les obuss ils ont peurre de moi ! »

.... et il est parti en courant ... et le grand Chatelier, l'ancien valet de chambre a dit :

« Ça c'est sûr, il ne reviendra pas »

..... Mauriac est revenu tout de même, au bout de trois quarts d'heure, en sueur, au galop, la tête la première dans le gourbi :

« Ah ! le cochon, le salaud, le salaud, il a failli me faire crever au moinss quinze fois ! et il n'a pas voulu venir le Major »

En effet, le Major n'a pas voulu se

... un gourbi a été complètement retourné...
Juillet 1917.

déranger, car cela bombardait trop, a-t-il dit.

Il fallait voir le capitaine Chalumeau sauter sur ses petites jambes quand on lui a transmis cela :

« Bon Dieu de bon Dieu de bon Dieu ! »

3 juillet 1917. Le calme est revenu. Notre position de batterie est épouvantable à voir. Mais nos canons n'ont presque rien. Un gourbi a été complètement retourné. Il n'y avait personne dedans. Les hommes qui devaient y être étaient allés au début du bombardement dans un autre gourbi avec des copains pour être moins seuls dans le danger.

Il n'y a pas de tué. Un seul blessé, Le Bellec, avec son bras coupé. Il n'est parti que ce matin à pied avec deux camarades. Pauvre type, il était bien pâle.

Le major a été cassé le soir même, dit-on. Il l'a bien mérité. Il ne doit pas y en avoir beaucoup comme lui, heureusement. Le capitaine a annoncé à Mauriac qu'il serait cité. Il l'a bien mérité aussi.

5 juillet 1917. Rien de nouveau, tout est calme.

6 juillet 1917. Le capitaine vient de me faire appeler et m'a demandé si je préférais être cité pour avoir porté des paquets de pansements le 2 juillet sous le bombardement ou si je voulais être nommé maréchal des logis de suite.

J'ai accepté d'être nommé maréchal des logis de suite.

7 juillet 1917. Je suis maréchal des logis et je reste à la batterie comme maréchal des logis, agent de liaison. Le capitaine voulait me faire nommer à la

déranger, car cela bombardait trop, a-t-il dit.

Il fallait voir le Capitaine Chalumeau sauter sur ses petites jambes quand on lui a transmis cela :

« Bon dieu de bon dieu de bon dieu ! »

3 juillet 1917. Le calme est revenu. Notre position de batterie est épouvantable à voir. Mais nos canons n'ont presque rien. Un gourbi a été complètement retourné. Il n'y avait personne dedans. Les hommes qui devaient y être étaient allés au début du bombardement dans un autre gourbi avec des copains pour être moins seuls dans le danger.

Il n'y a pas de tué. Un seul blessé, Le Belloc, avec son bras coupé. Il n'est parti que ce matin à pied avec deux camarades. Pauvre type, il était bien pâle.

Le Major a été cassé le soir même, dit-on. Il l'a bien mérité. Il ne doit pas y en avoir beaucoup comme lui, heureusement. Le capitaine a annoncé à Mauriac qu'il serait cité. Il l'a bien mérité aussi.

5 juillet 1917. Rien de nouveau, tout est calme.

6 juillet 1917. Le capitaine vient de me faire appeler et m'a demandé si je préférais être cité pour avoir porté des paquets de pansements le 2 juillet sous le bombardement ou si je voulais être nommé Maréchal des logis de suite.

J'ai accepté d'être nommé Maréchal des Logis de suite.

7 juillet 1917. Je suis Maréchal des Logis et je reste à la Batterie comme Maréchal des Logis, agent de liaison. Le Capitaine voulait me faire nommer à la

division, comme maréchal des logis, près du colonel. Je n'ai pas voulu. Je veux rester à la batterie avec les camarades.

9 juillet 1917. Je viens de recevoir un gros colis de mes parents, contenant des pipes, des cigares, du chocolat, de nombreuses cigarettes. J'ai fait une distribution générale. Les copains étaient contents et moi aussi.

Les Boches ne nous en veulent plus. Ils ont lancé cent quatre-vingts obus de 105 et 150 sur un malheureux buisson où il n'y avait pas un chat. Leurs « 77 » ne valent pas grand-chose mais leurs « 105 » et « 150 » sont terribles. Il pleut et le terrain est crayeux et avec l'eau cela forme un mortier jaunâtre. L'eau ne s'infiltre pas et nous vivons au milieu de petits lacs couleur café au lait.

Le petit rossignol est revenu chanter sur le cerisier abattu. Nous avons réparé nos tables en bois blanc. Quelques obus sifflent encore, mais tombent plus loin, à cent mètres.

Les hommes du front sont comme des mouches, tout d'un coup il leur arrive un grand coup de torchon qui les fauche tous. Avec ces obus-là qui passent au-dessus de nous, il arrivera bien qu'un tombera un jour au milieu de notre petite table…

Voilà le soleil, mais on dirait qu'il a peur de se montrer. Peut-être veut-il faire des économies d'éclairage pour éclairer davantage le jour de la victoire. D'abord la guerre ne peut plus durer longtemps maintenant et puis on commence à en avoir assez.

Division, comme Maréchal des logis, près du Colonel. Je n'ai pas voulu. Je veux rester à la batterie avec les camarades.

9 Juillet 1917. Je viens de recevoir un gros colis de mes parents, contenant des pipes, des cigares, du chocolat, de nombreuses cigarettes. J'ai fait une distribution générale. Les copains étaient contents et moi aussi.

Les boches ne nous en veulent plus. Ils ont lancé cent quatre vingt obus de 105 et 150 sur un malheureux buisson où il n'y avait pas un chat. Leur "77" ne valent pas grand'chose mais leur 105 et 150 sont terribles. Il pleut et le terrain est crayeux et avec l'eau cela forme un mortier jaunâtre. L'eau ne s'infiltre pas et nous vivons au milieu de petits lacs couleur café au lait.

Le petit rossignol est revenu chanter sur le cerisier abattu. Nous avons réparé nos tables en bois blanc. Quelques obus sifflent encore, mais tombent plus loin, à cent mètres.

Les hommes du Front sont comme des mouches, tout d'un coup il leur arrive un grand coup de torchon qui les fauche tous. Avec ces obus là qui passent au dessus de nous, il arrivera bien qu'un tombera un jour au milieu de notre petite table....

Voilà le Soleil, mais on dirait qu'il a peur de se montrer. Peut être veut-il faire des économies d'éclairage pour éclairer davantage le jour de la victoire. D'abord la guerre ne peut plus durer longtemps maintenant et puis on commence à en avoir assez.

... nous avons assisté à un combat d'avion
Juillet 1917.

11 Juillet 1917.

.... j'ai pris quelques bouts de toile de la cocarde bleue blanc rouge ......

J'ai photographié au poste d'observation la cathédrale de Saint-Quentin dans la jumelle à ciseaux avec mon « Vest-Pocket ». C'est assez original.

10 juillet 1917. Je dois aller en permission vers le quatorze juillet.

Les Boches ont l'air de vouloir recommencer à nous embêter. Le temps est superbe et c'est triste de voir les obus éclater, soulevant la terre au milieu de la verdure fraîche et ensoleillée.

11 juillet 1917. Nous avons assisté à un combat d'avions ce matin, mais le français est tombé en flammes à trois cents mètres de la batterie. Nous venons quelques camarades et moi d'aller le voir en cachette, car on n'a pas le droit de quitter la position. Ce n'était d'ailleurs pas très drôle.

Au milieu des débris de l'appareil qui fumaient encore, il y avait un pauvre corps tout noirci avec les bras tordus et les mains crispées. J'ai pris quelques bouts de toile de la cocarde bleu blanc rouge. Souvenir !

14 juillet 1917. Les Boches sont calmes. Peut-être nous réservent-ils un feu d'artifice pour ce soir !

Nous avons eu un menu un peu mieux que les autres jours : potage vermicelle, jambon aux haricots, beurre, fromage, confiture, petits-beurre, un litre de vin pour vingt-quatre heures, café, champagne, cigares (un à chacun).

Je pars en permission d'ici trois /...

J'ai photographié au poste d'observation, la cathédrale de St Quentin dans la jumelle à ciseaux avec mon "Vest-Pocket". C'est assez original.

10 juillet 1917. Je dois aller en permission vers le quatorze juillet.

Les boches ont l'air de vouloir recommencer à nous embêter. Le temps est superbe et c'est triste de voir les obus éclater, soulevant la terre au milieu de la verdure fraîche et ensoleillée.

11 juillet 1917. Nous avons assisté à un combat d'avion ce matin, mais le Français est tombé en flamme à trois cents mètres de la batterie. Nous venons quelques camarades et moi d'aller le voir en cachette, car on n'a pas le droit de quitter la position. Ce n'était d'ailleurs pas très drôle.

Au milieu des débris de l'appareil qui fumaient encore, il y avait un pauvre corps tout noirci avec les bras tordus et les mains crispées. J'ai pris quelques bouts de toile de la cocarde bleue blanc rouge. Souvenir !

14 juillet 1917. Les boches sont calmes. Peut être nous réservent-ils un feu d'artifice pour ce soir !

Nous avons eu un menu un peu mieux que les autres jours : Potage vermicelles, jambon aux haricots, beurre, fromage, confiture, petits beurre. un litre de vin pour vingt quatre heures, Café, champagne, cigares (un à chacun)

Je pars en permission d'ici trois

ou quatre jours. J'irai avec une veste sale et deux bouts de galon cousus par moi ! Je n'ai pas autre chose.

27 juillet 1917. Je suis parti de Paris, retour de permission à minuit et me voilà arrivé à la gare terminus à huit heures et demie ce matin. J'ai trouvé un fourgon de mon régiment, ici à Ham, dans la Somme, qui va me mener jusqu'à l'échelon. Il fait très chaud. J'ai dormi tout le temps.

28 juillet 1917. Je suis parti pour la batterie de tir ce soir vers dix heures avec le ravitaillement. Les Boches nous ont laissés tranquilles. J'ai trouvé un grand nombre de lettres. Les colis envoyés par mes parents qui ne savaient pas exactement quand j'arriverais en permission ont été mangés par les copains. Ils n'ont pas touché à un colis qui contenait des bonbons, du chocolat et des macarons, car cela pouvait se conserver, ont-ils dit. Braves types !

ou quatre jours. J'irai avec une veste sale et deux bouts de galon cousus par moi ! Je n'ai pas autre chose.

27 juillet 1917. Je suis parti de Paris, retour de permission à minuit et me voilà arrivé à la gare terminus à huit heures et demie ce matin. J'ai trouvé un fourgon de mon régiment, ici à Ham, dans la Somme, qui va me mener jusqu'à l'échelon. Il fait très chaud. J'ai dormi tout le temps.

28 juillet 1917. Je suis parti pour la batterie de tir ce soir vers dix heures avec le ravitaillement. Les boches nous ont laissés tranquilles. J'ai trouvé un grand nombre de lettres. Les colis envoyés par mes parents qui ne savaient pas exactement quand j'arriverais en permission ont été mangé par les copains. Ils n'ont pas touché à un colis qui contenait des bonbons, du chocolat et des macarons, car cela pouvait se conserver, ont-ils dit. Braves types !

Attaque et contre-attaque du village Fayet devant Saint-Quentin. Les gaz.

31 juillet 1917. Comme retour de permission je suis monté au poste d'observation ce matin et pour la première fois, j'ai réglé un tir sur les casernes de Saint-Quentin. J'ai réussi à faire tomber des tuiles et des plâtras. Il pleut à torrent maintenant et il faut rester là sous la pluie.

Nous apprenons une offensive victorieuse des Anglais dans les Flandres. C'est peut-être la dernière !

Tranchée allant à l'observatoire du village Fayet

Attaque et contre-attaque du village Fayet devant St Quentin. Les gaz.

31 Juillet 1917. Comme retour de permission je suis monté au poste d'observation ce matin et pour la première fois, j'ai réglé un tir sur les casernes de St Quentin. J'ai réussi à faire tomber des tuiles et des plâtras. Il pleut à torrent maintenant et il faut rester là sous la pluie.

Nous apprenons une offensive victorieuse des anglais dans les Flandres. C'est peut-être la dernière!

2 août 1917. Aujourd'hui troisième anniversaire de la guerre. Je suis dans un petit abri à côté de ma pièce avec Guybert, mon pointeur. On tire un coup de canon toutes les deux minutes sur les tranchées allemandes. Quel assassin je fais ! Il pleut, une pluie fine qui vous transperce. Quel temps de chien ! Le terrain est détrempé.

3 août 1917. Nous sommes restés toute la nuit, debout, à tirer. Les Boches ne veulent pas nous laisser tranquilles et nous non plus, alors on ne peut pas s'entendre ! J'ai tiré de dix heures du soir à quatre heures du matin et me suis reposé une demi-heure entre trois heures et trois heures et demie. Notre pièce, seule, a tiré cent quatre-vingts obus, soit un coup toutes les deux minutes.

5 août 1917. Mon canon est éclaté ! Vers huit heures ce matin, nous nous trouvions tous à notre poste, le tireur, le pointeur, le chargeur, le pourvoyeur et moi à côté de notre pièce et nous allions recommencer à tirer. Depuis quelque temps nous avions du mal à faire rentrer les obus dans le canon. Il fallait souvent forcer et taper avec un maillet. Cela paraît extraordinaire, c'est pourtant l'exacte vérité. Il suffit que les obus soient mal calibrés. En tout cas, pour aider le tireur c'est moi qui ai fait feu cette fois-là. Au moment où je lâchais le cordon une explosion qui n'était pas semblable à celle d'un départ habituel s'est produite. Nous nous sommes tous regardés. Notre pièce venait d'éclater juste à la hauteur du bouclier. Personne n'a été touché. C'est une chance inouïe.

Pour comble de malheur, cet après-midi, le feu a pris au « raphia » qui recouvrait la quatrième /...

2 août 1917. Aujourd'hui troisième anniversaire de la guerre. Je suis dans un petit abri à côté de ma pièce avec Guyhert, mon pointeur. On tire un coup de canon toutes les deux minutes sur les tranchées allemandes. Quel assassin je fais ! Il pleut, une pluie fine qui vous transperce. Quel temps de chien ! Le terrain est détrempé

3 août 1917. Nous sommes restés toute la nuit, debout, à tirer. Les boches ne veulent pas nous laisser tranquilles et nous non plus, alors on ne peut pas s'entendre ! J'ai tiré de dix heures du soir à quatre heures ce matin et me suis reposé une demie-heure entre trois heures et trois heures et demie. Notre pièce, seule, a tiré cent quatre vingt obus, soit un coup toutes les deux minutes.

5 août 1917. Mon canon est éclaté ! vers huit heures ce matin, nous nous trouvions tous à notre poste, le tireur, le pointeur, le chargeur, le pourvoyeur et moi à côté de notre pièce et nous allions recommencer à tirer. Depuis quelque temps nous avions du mal à faire rentrer les obus dans le canon. Il fallait souvent forcer et taper avec un maillet. Cela paraît extraordinaire, c'est pourtant l'exacte vérité. Il suffit que les obus soient mal calibrés. En tout cas, pour aider le tireur c'est moi qui est fait feu cette fois là. Au moment où je lachais le cordon une explosion qui n'était pas semblable à celle d'un départ habituel s'est produite. Nous nous sommes tous regardés. Notre pièce venait d'éclater juste à la hauteur du bouclier. Personne n'a été touché. C'est une chance inouïe.

Pour comble de malheur, cet après-midi, le feu a pris au « raphia » qui recouvrait la qua-

... mon canon est éclaté (+)   août 1917

avant

après.

pour comble de malheur le feu a pris au raphia…

août 1917

pièce. Tout a brûlé en un instant. Pourvu que les Boches ne nous aient pas repérés, car ça faisait un sacré nuage de fumée.

6 août 1917. Comme je n'ai plus de pièce, ce soir je vais au poste d'observation, de huit heures à deux heures du matin. Six heures de garde, à regarder dans l'obscurité, c'est trop long et je suis déjà éreinté de la nuit dernière.

8 août 1917. La boue sèche un peu. Les Boches sont très embêtants. Plusieurs obus sont tombés près de la batterie.

« Pour vivre heureux, vivons cachés. » Ce proverbe est faux, car nous sommes malheureux et nous espérons bien que la guerre va finir bientôt.

11 août 1917. On s'en doutait un peu. Les Boches ont attaqué nos premières lignes cette nuit vers deux heures.

Depuis le neuf au soir ils tiraient beaucoup et nous avons reçu quelques projectiles sur la batterie, mais sans dégâts. Mais hier et cette nuit cela a été terrible. Ils nous ont aspergés d'obus à gaz lacrymogène et ypérite et nous avons tiré tout de même pendant plus de deux heures avec nos masques sur la figure, en nous relayant de temps en temps.

Les Boches ont occupé nos premières lignes près du village Fayet où se trouve notre poste d'observation. J'y étais le six août. Quelle chance de n'y avoir pas été cette nuit ! Le camarade qui était de garde a pu revenir à temps.

12 août 1917. Nous avons contre-attaqué cette nuit et nous réoccupons nos premières lignes. Quel métier ! Les fantassins ont beaucoup de /...

trième pièce. Tout a brûlé en un instant. Pourvu que les boches ne nous aient pas repérés, car ça faisait un sacré nuage de fumée.

6 août 1917. Comme je n'ai plus de pièce, ce soir je vais au poste d'observation, de huit heures à deux heures du matin. Six heures de garde, à regarder dans l'obscurité c'est trop long et je suis déjà éreinté de la nuit dernière.

8 août 1917. La boue sèche un peu. Les boches sont très embêtants. Plusieurs obus sont tombés près de la batterie.

"Pour vivre heureux, vivons cachés," ce proverbe est faux, car nous sommes malheureux et nous espérons bien que la guerre va finir bientôt.

11 août 1917. On s'en doutait un peu. Les boches ont attaqué nos premières lignes cette nuit vers deux heures.

Depuis le neuf au soir ils tiraient beaucoup et nous avons reçu quelques projectiles sur la batterie, mais sans dégâts. Mais hier et cette nuit cela a été terrible. Ils nous ont aspergé d'obus à gaz, lacrymogène et ypérite et nous avons tiré tout de même pendant plus de deux heures avec nos masques sur la figure, en se relayant de temps en temps.

Les boches ont occupé nos premières ligne près du village Fayet où se trouve notre poste d'observation. J'y étais le six août. Quelle chance de n'y avoir pas été cette nuit. Le camarade qui était de garde a pu revenir à temps.

12 août 1917. Nous avons contre-attaqué cette nuit et nous réoccupons nos premières lignes. Quel métier! Ces fantassins ont beaucoup de

pertes. Chez nous, un mort, le cuisinier, un fantassin versé dans l'artillerie pour blessure et arrivé à notre batterie depuis peu. Il avait installé sa cuisine dans le chemin creux qui est à cinquante mètres de notre position. Un obus est tombé au milieu de son abri. On a retrouvé ses pauvres restes écrabouillés au milieu des marmites tordues.

Nous nous portons bien malgré les obus toxiques. Il paraît que cela fait de l'effet seulement vingt-quatre heures après. L'infanterie a fait des prisonniers. J'ai parlé à plusieurs Boches. Ils sont très drôles. Quand je leur demandais s'ils étaient des *Stoßtruppen*, ils m'ont tous répondu qu'ils étaient de la *Reserve*. Ils ont peur qu'on les maltraite si l'on savait qu'ils sont des troupes d'assaut. Ils sont amaigris, très sales et peu orgueilleux. Quand ils sont passés devant la batterie pour être conduits vers l'arrière je leur ai dit :

« Tenez, voilà le "75". »

« *Oh ! ja, ja, sprechen Sie mir nicht von das !* » m'ont-ils répondu.

Cela prouve que nos « 75 » font du travail.

13 août 1917. Nous avons tiré toute la journée sur la cathédrale de Saint-Quentin. À quatre heures cet après-midi elle était en feu. Ce poste d'observation boche dans le clocher est détruit. Le Boche observateur a dû descendre avant l'incendie. À minuit, le clocher fumait encore.

14 août 1917. Nous avons encore tiré toute la nuit. Nous sommes éreintés. C'est plus dur qu'à Verdun, et je crois que les gaz nous ont fait du mal. Nous avons les yeux très rouges. Plusieurs d'entre nous toussent et les poumons vous brûlent. Nous sommes

pertes. Chez nous, un mort, le cuisinier, un fantassin versé dans l'artillerie pour blessure et arrivé à notre batterie depuis peu. Il avait installé sa cuisine dans le chemin creux qui est à cinquante mètres de notre position. Un obus est tombé au milieu de son abri. On a retrouvé ses pauvres restes écrabouillés au milieu des marmites tordues.

Nous nous portons bien malgré les obus toxiques. Il paraît que cela fait de l'effet seulement vingt quatre heures après. L'infanterie a fait des prisonniers. J'ai parlé à plusieurs boches. Ils sont très drôles. Quand je leur demandais s'ils étaient des "Stosstruppen", ils m'ont tous répondu qu'ils étaient de la « Reserv » Ils ont peur qu'on les maltraite si l'on savait qu'ils sont des troupes d'assaut. Ils sont amaigris, très sales et peu orgueilleux. Quand ils sont passés devant la batterie pour être conduits vers l'arrière je leur ai dit :

« Tenez, voilà le "75" »

« Oh ! ya, ya, sprechen sie mir nicht von das ! » m'ont-ils répondu.

Cela prouve que nos "75" font du travail.

13 août 1917. Nous avons tiré toute la journée sur la cathédrale de St Quentin. A quatre heures et après midi elle était en feu. Le poste d'observation boche dans le clocher est détruit. Le boche observateur a dû descendre avant l'incendie. A minuit, le clocher fumait encore.

14 août 1917. Nous avons encore tiré toute la nuit. Nous sommes éreintés. C'est plus dur qu'à Verdun, et je crois que les gaz nous ont fait du mal. Nous avons les yeux très rouges. Plusieurs d'entre nous toussent et les poumons nous brûlent. Nous sommes

surtout très fatigués. Le capitaine Chalumeau dormait dehors, à midi, par terre.

18 août 1917. Nous allons probablement être relevés. Nous sommes complètement éreintés. Les Boches nous lancent toujours des obus toxiques. Mais il y a du vent et le gaz est vite chassé.

Nous sommes cités à l'ordre de l'armée et du corps d'armée. Le capitaine est lui-même cité à l'ordre de l'armée. Il y a plusieurs camarades cités à la batterie. Le capitaine m'a fait appeler et m'a dit que je serais cité à la prochaine occasion ! Il faut récompenser, a-t-il dit, les anciens qui sont là depuis 1914 et 1915. C'est juste.

20 août 1917. Le capitaine Chalumeau nous a tous réunis ce matin et nous a lu les citations avec beaucoup d'émotion dans la voix.

« Le général commandant la 3e armée cite à l'ordre de l'armée :

» Le 1er groupe du 35e régiment d'artillerie sous les ordres du chef d'escadron Frochot.

» Sous l'habile et énergique direction du chef d'escadron Frochot a pris la part la plus active aux opérations qui ont abouti le 11 août 1917 au sanglant échec d'une attaque ennemie et au succès complet de notre contre-attaque.

» A fourni un effort considérable en tirant jour et nuit pendant dix jours sous des rafales d'obus toxiques. »

Le général de Maud'huy.

surtout très fatigués. Le Capitaine Chalumeau dormait dehors, à midi, par terre.

18 août 1917. Nous allons probablement être relevés. Nous sommes complètement éreintés. Les boches nous lancent toujours des obus toxiques. Mais il y a du vent et le gaz est vite chassé.

Nous sommes cités à l'ordre de l'armée et du Corps d'armée. Le capitaine est lui même cité à l'ordre de l'armée. Il y a plusieurs camarades cités à la Batterie. Le Capitaine m'a fait appeler et m'a dit que je serai cité à la prochaine occasion ! Il faut récompenser, a-t-il dit les anciens qui sont là depuis 1914 et 1915. C'est juste.

20 août 1917. Le Capitaine Chalumeau nous a tous réunis ce matin et nous a lu les citations avec beaucoup d'émotion dans la voix :

« Le Général Commandant la 3ème
« Armée cite à l'ordre de l'armée :

« Le 1er Groupe du 35ème Régiment d'artillerie Sous les ordres du Chef d'Escadron Frochot.

« Sous l'habile et énergique direction du Chef
« d'Escadron Frochot a pris la part la plus ac-
« tive aux opérations qui ont abouti le 11 août
« 1917 au sanglant échec d'une attaque enne-
« mie et au succès complet de notre contre-atta-
« que.
« a fourni un effort considérable en tirant
« jour et nuit pendant dix jours sous des ra-
« fales d'obus toxiques »

Le Général de Maud'huy.

« Le chef d'escadron est fier de notifier cette citation au 1er groupe. Il félicite les officiers, les sous-officiers et hommes de troupe de leur exploit et les remercie d'avoir assuré la gloire du 1er groupe par leur énergie, leur endurance et leur intelligente activité. »

« Vive le 1er groupe ! Vive la 3e batterie ! »

Le colonel d'infanterie a demandé de faire citer notre batterie (la troisième) spécialement à l'ordre du 19e régiment d'infanterie.

21 août 1917. Notre batterie est citée spécialement à l'ordre du 19e régiment d'infanterie pour :

« L'aide brillante, efficace et soutenue qu'elle a donnée au 19e régiment d'infanterie dans l'attaque menée par un de ses bataillons le 11 août 1917 sur les organisations allemandes devant Fayet près Saint-Quentin. »

Aux armées, le 20 août 1917.
Colonel Taylor.

C'est un très grand honneur pour nous d'être cités à l'ordre du régiment d'infanterie. Il paraît que c'est un fait unique. Nous sommes contents.

On a enterré seulement aujourd'hui les restes de notre pauvre cuisinier.

Nous avons hâte d'aller au repos. Plusieurs camarades sont malades par les gaz asphyxiants. J'ai la diarrhée et des coliques terribles. On ne peut plus tenir ici. Il faut qu'on nous relève. Je suis très fatigué.

21 août 1917. Nous partons ce soir vers /…

« Le chef d'Escadron est fier de notifier cette « citation au 1er groupe. Je félicite les officiers, les « sous-officiers et hommes de troupe de leur exploit et « les remercie d'avoir assuré la gloire du 1er groupe par « leur énergie, leur endurance et leur intelligente activité »

« Vive le 1er groupe ! Vive la 3ème batterie ! »

Le colonel d'Infanterie a demandé de faire citer notre Batterie (la troisième) spécialement à l'ordre du 19ème Régiment d'Infanterie.

21 août 1917. Notre batterie est citée spécialement à l'ordre du 19ème Régiment d'Infanterie, pour :

« L'aide brillante, efficace et soutenue qu'elle a donné au 19ème d'Infanterie dans l'attaque menée par un de ses bataillons le 11 août 1917 sur les organisations allemandes devant Fayet près St Quentin. »

Aux Armées le 20 août 1917.
Colonel Taylor.

C'est un très grand honneur pour nous d'être cités à l'ordre du Régiment d'Infanterie. Il paraît que c'est un fait unique - Nous sommes contents.

On a enterré seulement aujourd'hui les restes de notre pauvre cuisinier.

Nous avons hâte d'aller au repos. Plusieurs camarades sont malades par les gaz asphyxiants J'ai la diarrhée et des coliques terribles. On ne peut plus tenir ici. Il faut qu'on nous relève. Je suis très fatigué.

21 août 1917. Nous partons ce soir vers

l'arrière. Le capitaine nous a dit ce matin que nous allions avoir la fourragère aux couleurs de la Croix de guerre, car nous avons eu aussi une citation à Verdun lorsque nous faisions partie de la division Passaga. Nous n'en savions rien.

On a demandé aujourd'hui des sous-officiers volontaires pour aller en Amérique comme instructeurs. Il n'est pas utile de savoir l'anglais. Aucun de nous n'a été volontaire. Nous préférons tous rester ici avec notre brave régiment pour finir la guerre.

l'arrière. Le Capitaine nous a dit ce matin que nous allions avoir la Fourragère aux couleurs de la croix de guerre, car nous avons eu aussi une citation à Verdun lorsque nous faisions partie de la Division Passaga. Nous n'en savions rien.

On a demandé aujourd'hui des sous-officiers volontaires pour aller en Amérique comme instructeurs. Il n'est pas utile de savoir l'anglais. Aucun de nous n'a été volontaire. Nous préférons tous rester ici avec notre brave Régiment pour finir la guerre.

Au repos à Crépy-en-Valois et à Séry-Magneval.

24 août 1917. Nous nous dirigeons vers l'arrière. Je suis le plus jeune maréchal des logis du régiment. Il est vrai que je vais avoir bientôt vingt ans. Je me redresse sur mon petit cheval quand on passe dans les villages et Mauriac à chaque fois dit :

« Eh ! Regardez donc Dupré qui se gonfle ! »

26 août 1917. Nous sommes arrivés à Glaignes à côté de Compiègne et Crépy-en-Valois. Nous sommes installés chez une vieille dame très aimable et nous avons une cuisinière qui nous fait de la bonne cuisine. Je couche dans un lit avec un autre sous-off.

au repos à Crépy-en-Valois et à Séry-Magneval.

24 août 1917. Nous nous dirigeons vers l'arrière. Je suis le plus jeune maréchal-des-logis du Régiment. Il est vrai que je vais avoir bientôt vingt ans. Je me redresse sur mon petit cheval quand on passe dans les villages et Mauriac à chaque fois dit :

« Eh ! regardez donc Dupré qui se gonfle ! »

26 août 1917. Nous sommes arrivés à Glaignes à côté de Compiègne et Crépy en Valois. Nous sommes installés chez une vieille dame très aimable et nous avons une cuisinière qui nous fait de la bonne cuisine. Je couche dans un lit avec un autre sous-off.

Le soir quand nous sommes tous les sous-officiers réunis autour de la table éclairée par une belle suspension avec une lampe à pétrole, on se dirait à un banquet. Cela fait riche ! Nous sommes neuf à table et sept ont la Croix de guerre.

27 août 1917. Je fais ma correspondance dans la salle à manger de la vieille dame. Demain j'irai me promener à cheval à Crépy-en-Valois.

29 août 1917. J'ai passé mon temps au lieu d'aller me promener à cheval à faire paître mon cheval « Antoine » ainsi nommé par les conducteurs. Il ne veut pas engraisser mais il est toujours aussi vif. Je suis le quatre-vingt-quinzième à partir en permission. Ce sera pour décembre, je crois.

30 août 1917. Nous changeons de place. Nous étions trop bien. Nous allons dans un petit patelin (quatre maisons). C'est à quinze cents mètres d'ici. Nous avons, en tout cas, fait un bon déjeuner :

Consommé
Tripes à la mode de Saint-Quentin
Bouilli de bœuf et carottes
Rôti de veau sauce cavalière
Pommes de terre sautées
Dessert
Vin. Café

31 août 1917. Nous voilà installés dans notre nouveau cantonnement. Le patelin s'appelle Séry-Magneval. C'est bien morne. Il y a des sous-offs

Le soir quand nous sommes tous les sous-officiers réunis autour de la table, éclairée par une belle suspension avec une lampe à pétrole, on se dirait à un banquet. Cela fait riche ! Nous sommes neuf à table et sept ont la Croix de Guerre.

27 août 1917. Je fais ma correspondance dans la salle à manger de la vieille dame. Demain, j'irai me promener à cheval à Crepy-en-Valois.

29 août 1917. J'ai passé mon temps au lieu d'aller me promener à cheval à faire paître mon cheval "Antoine" ainsi nommé par les conducteurs. Il ne veut pas engraisser mais il est toujours aussi vif. Je suis le quatre vingt quinzième à partir en permission ce sera pour Décembre, je crois.

30 août 1917. Nous changeons de place. Nous étions trop bien. Nous allons dans un petit patelin (quatre maisons). C'est à quinze cents mètres d'ici. Nous avons, en tous cas fait un bon déjeuner :

Consommé
Tripes à la mode de St Quentin
Bouilli de boeuf et carottes
Roti de veau sauce Cavalière
Pommes de terre sautées
Dessert
Vin. café.

31 août 1917. Nous voilà installés dans notre nouveau cantonnement. Le patelin s'appelle Séry-Magneval. C'est bien morne. Il y a des sous-off

Lavage du matériel - août 1917.

qui n'ont pas de lit. Un camarade et moi nous en avons trouvé un chez deux braves vieux qui ont vu les Boches. J'ai une blanchisseuse épatante à qui j'ai donné mon linge sale et qui me le raccommodera. Elle a dix-huit ans…

Je viens de recevoir un mandat de trente francs de mes parents et j'ai touché mon prêt : vingt-cinq francs. Cinquante-cinq francs, c'est la fortune, aussi nous venons de faire une balade avec les copains à Crépy-en-Valois où l'on trouve tout ce que l'on veut…

4 septembre 1917. Aujourd'hui revue du colonel et remise de décorations, en plein soleil. Chaleur, abrutissement, mal de tête, femmes d'officiers, parfums…

La revue est terminée. Le colon s'en va. Nous aussi… Poussière, sueur, fatigue, mal de tête…

Tout à l'heure nous allons manger. Je préfère bouffer que d'aller à la revue !

qui n'ont pas de lit. Un camarade et moi nous en avons trouvé un chez deux braves vieux qui ont vu les boches. J'ai une blanchisseuse épatante à qui j'ai donné mon linge sale et qui me le raccommodera. Elle a dix huit ans....

Je viens de recevoir un mandat de trente francs de mes parents et j'ai touché mon prêt : vingt cinq francs. Cinquante cinq francs c'est la fortune, aussi nous venons de faire une ballade avec les copains à Crépy-en-Valois où l'on trouve tout ce que l'on veut.....

4 Septembre 1917. Aujourd'hui revue du Colonel et remise de décorations, en plein soleil. Chaleur, abrutissement, mal de tête, femmes d'officiers, parfums...

La revue est terminée. Le colon s'en va. Nous aussi.. Poussière, sueur, fatigue, mal de tête...

Tout à l'heure nous allons manger.

Je préfère bouffer que d'aller à la Revue !

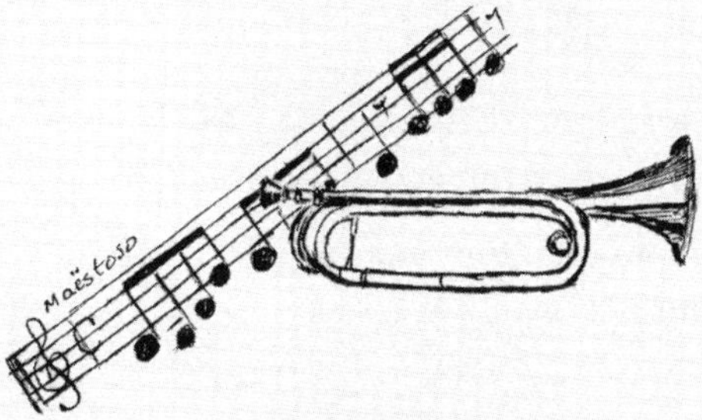

Une drôle d'histoire.

La colonne d'artillerie descend du front. Nous roulons vers le repos. Huit heures du soir, au mois de septembre 1917, sur la route de Varennes-en-Argonne.

Les servants fatigués dorment sur les caissons, les chefs de pièce et les brigadiers dorment sur leurs chevaux. Seuls, les conducteurs de devant veillent. Quelques jurons et quelques coups de fouet éclatent de temps en temps, au loin le grondement sourd de la guerre qui continue.

Tout est triste, les hommes, les choses. Les arbres morts cassés, coupés, hachés, laissent tomber leurs bras désarticulés et le roulement des canons sur la pierre du chemin, ce roulement hallucinant dans la nuit tombante, tout cela est triste et lugubre…

Au loin, une ferme. Les premières voitures rentrent dans la grande cour. Une fille de ferme

UNE DRÔLE D'HISTOIRE

La colonne d'artillerie descend du Front. Nous roulons vers le repos. Huit heure du soir, au mois de Septembre 1917, sur la route de Varennes en Argonne.

Les servants fatigués dorment sur les caissons, les chefs de pièces et les brigadiers dorment sur leur chevaux. Seuls, les conducteurs de devant veillent. Quelques jurons et quelques coups de fouet éclatent de temps en temps, au loin le grondement sourd de la guerre qui continue.

Tout est triste, les hommes, les choses. Les arbres morts cassés, coupés, hachés laissent tomber leur bras désarticulés et le roulement des canons sur la pierre du chemin, ce roulement hallucinant dans la nuit tombante, tout cela est triste et lugubre....

Au loin, une ferme.. les premières voitures rentrent dans la grande cour. Une fille de ferme est là. Elle ne bouge pas, elle nous regarde en souriant. Elle est très belle. Sa chevelure brune et abondante tombe sur ses épaules… « Maria ! Maria ! Rentre ! Y a du travail à la maison. » Un gros homme en sabots vient de crier cela.

Je regarde avec désir cette jeune fille. Il y a longtemps que nous n'avons pas vu de femmes… toujours des hommes, des moustaches, des pantalons, des torses nus et poilus, et mon regard s'arrête longtemps sur cette chevelure, sur cette poitrine, sur cette jupe… Elle me fait un petit signe de la main. « À tout à l'heure », me dit-elle.

« Eh bien, petit, me dit mon maître pointeur. Attention, hein ! Elle est belle cette petite, mais à ta place je laisserais "tomber" et tu feras bien de venir te coucher avec nous ! »

Je suis encore à cheval. Toute la batterie est maintenant dans la cour de la ferme. « Halte, repos ! » crie le capitaine. Le gros homme en sabots est là. « Monsieur l'officier », dit-il et avec un geste large du bras : « Voici les granges avec de la paille, voici les écuries, les étables, tout est à vous ! »

Nous ne sommes pas habitués à pareille réception, tant de sollicitude et cette belle fille à notre arrivée ! Nous sommes bien tombés !

Il fait presque nuit. Les hommes sautent des caissons. Les chevaux sont dételés, les canons et les caissons rangés en bon ordre. Un conducteur prend mon cheval, le déselle et l'emmène…

Je suis maintenant seul dans la cour. La nuit est tombée. Il fait très noir. Les hommes sont rentrés dans /…

est là. Elle ne bouge pas, elle nous regarde en souriant. Elle est très belle. Sa chevelure brune et abondante tombe sur ses épaules ..... « Maria ! Maria ! rentre ! y a du travail à la maison » Un gros homme en sabots vient de crier cela.

Je regarde avec désir cette belle fille. Il y a longtemps que nous n'avons pas vu de femmes .. toujours des hommes, des moustaches, des pantalons, des torses nus et poilus et mon regard s'arrête longtemps sur cette chevelure, sur cette poitrine, sur cette jupe ... Elle me fait un petit signe de la main « A tout à l'heure » me dit-elle.

« Eh ! bien, Petit. » me dit mon maître-pointeur « Attention hein ! elle est belle cette petite, mais à ta place je laisserais "tomber" et tu feras bien de venir de coucher avec nous ! »

Je suis encore à cheval. Toute la Batterie est maintenant dans la cour de la ferme - « Halte, repos ! » crie le Capitaine. Ce gros homme en sabots est là. « Monsieur l'officier » dit-il et avec un geste large du bras : « Voici les granges avec de la paille, voici les écuries, les étables, tout est à vous ! »

Nous ne sommes pas habitués à pareille réception. Tant de sollicitude et cette belle fille à notre arrivée ! Nous sommes bien tombés ! -

Il fait presque nuit. Les hommes sautent des caissons. Les chevaux sont dételés, les canons et les caissons rangés en bon ordre. Un conducteur prend mon cheval, le desselle et l'emmène...

Je suis maintenant seul dans la Cour - La nuit est tombée - Il fait très noir - Les hommes sont rentrés dans les granges, ils doivent dormir déjà, car le silence est complet. Je suis seul et je reste là. Ah ! ce souvenir obsédant de Maria. Elle va venir, j'en suis sûr...

« Monsieur, je suis là. » Je me retourne, dans l'ombre Maria, la belle Maria est là. Sa voix douce vient de prononcer ces mots. « Venez », dit-elle encore...

Nous partons tous les deux, je marche, je marche près de cette belle fille aux longs cheveux noirs. Il fait très sombre. Nous marchons...

« Où me menez-vous, Maria ? » dis-je.

« Là, tout près, venez, je ne vous dirai rien. Vous ne pouvez pas savoir. Ne me posez pas de question... venez. »

Nous arrivons près d'une pauvre maison délabrée. Elle ouvre une porte, monte un escalier raide.

« Venez, suivez-moi », dit-elle.

Nous entrons dans une chambre. À tâtons, elle allume une bougie. Je vois un lit, un pauvre lit antique en acajou, mais des draps, des draps blancs très propres. Il y a longtemps que je n'ai vu de draps. Une fenêtre donne sur la route. Il est minuit.

Je suis très las et bientôt tout s'éteint, tout se calme dans ma tête et le sommeil s'empare de moi.

....

Tout d'un coup je sursaute, je me dresse sur le lit. J'entends un roulement de voitures, des pas de chevaux, des jurons, des coups de fouet...

J'allume la bougie. Il est trois heures. Maria dort profondément... Mais que se passe-t-il ? Ce roulement de voitures, ces pas de chevaux, ces jurons, ces coups de fouet...

les granges, ils doivent dormir déjà, car le silence est complet. Je suis seul et je reste là. Ah ! ce souvenir obsédant de Maria. Elle va venir j'en suis sûr....

« Monsieur, je suis là » Je me retourne, dans l'ombre Maria, la belle Maria est là. Sa voix douce vient de prononcer ces mots. « Venez » dit-elle encore.....

Nous partons tous les deux, je marche, je marche près de cette belle fille aux longs cheveux noirs. Il fait très sombre. Nous marchons..

« Où me menez vous Maria ? » dis-je

« Là, tout près, venez, je ne vous dirai rien. « Vous ne pourrez pas savoir. Ne me posez pas de « question ... venez. »

Nous arrivons près d'une pauvre maison délabrée. Elle ouvre une porte, monte un escalier raide.

« Venez, suivez moi » dit elle.

Nous entrons dans une chambre. A tâtons elle allume une bougie. Je vois un lit, un pauvre lit antique en acajou, mais des draps, des draps blancs bien propres. Il y a longtemps que je n'ai vu de draps. Une fenêtre donne sur la route. Il est minuit.

Je suis très las et bientôt tout s'éteind, tout se calme dans ma tête et le sommeil s'empare de moi.
....

Tout d'un coup je sursaute, je me dresse sur le lit. J'entends un roulement de voitures, des pas de chevaux, des jurons, des coups de fouet...

J'allume la bougie. Il est trois heures. Maria dort profondément..... Mais que se passe-t-il ? Ce roulement de voitures, ces pas de chevaux ces jurons ces coups de fouet ....

Où suis-je ? Mais j'ai rêvé ou je rêve encore ? Mais non, je ne rêve pas. J'entends bien. On dirait des chevaux qui passent, des canons, des caissons qui roulent... J'ouvre la fenêtre. Ah ! mais c'est tout un convoi qui passe, qui roule sur la pierre du chemin – mon régiment – mes camarades ! Ah ! ce roulement, ces jurons, ces pas de chevaux, ces coups de fouet. Ce sont eux ! C'est mon régiment qui s'en va et je suis là... Quelle folie !... Ah ! ce roulement, ces pas de chevaux, ces coups de fouet...

Je suis dans un état de surexcitation extrême. Je cherche mon équipement. Je ne trouve rien. Si, voilà mon revolver, mon ceinturon, mes bottes sont sous le lit ! Je me hâte de me vêtir. Mes mains tremblent. Malgré la fraîcheur de la nuit, dans cette chambre, je sue à grosses gouttes et toujours, dehors, dans la nuit, le roulement, les coups de fouet, ces pas de chevaux, ces jurons...

Me voilà prêt. Je boucle mon ceinturon. Je regarde par la fenêtre restée ouverte. J'aperçois dans le noir les dernières voitures déjà au loin. Je referme la fenêtre, elle est dure, elle fait du bruit. Maria se dresse d'un bond sur le lit. Elle me regarde de ses grands yeux : « Pourquoi es-tu debout et prêt à partir ? » – « Mais Maria, n'as-tu pas entendu ce roulement de canons sur la route ? Il y a dû y avoir alerte, il faut que je rejoigne mes camarades. »

Elle me regarde : « Va, dit-elle. Ne dis plus rien. Ne me dis pas au revoir. Regarde-moi. Mon beau rêve est fini. Reviens sous la fenêtre tout à l'heure avant de partir pour toujours. Je te regarderai. »...

Où suis-je ? Mais j'ai rêvé ou je rêve encore ?
Mais non ! je ne rêve pas. J'entends bien.
On dirait des chevaux qui passent, des canons
des caissons qui roulent... J'ouvre la fenêtre.
Ah ! mais c'est tout un convoi qui passe, qui roule
sur la pierre du chemin - mon Régiment - mes Camarades ! ah ! ce roulement, ces jurons, ces pas de chevaux, ces coups de fouets. Ce sont Eux ! c'est mon Régiment qui s'en va et je suis là.. quelle folie !...
ah ! ce roulement, ces pas de chevaux, ces coups de fouet....

Je suis dans un état de surexcitation extrême. Je cherche mon équipement. Je ne trouve rien. Si, voilà mon révolver, mon ceinturon, mes bottes sont sous le lit ! Je me hâte de me vêtir. Mes mains tremblent. Malgré la fraicheur de la nuit, dans cette chambre, je sue à grosses gouttes et toujours, dehors, dans la nuit, le roulement, les coups de fouet ces pas de chevaux, ces jurons...

Me voilà prêt. Je boucle mon ceinturon. Je regarde par la fenêtre restée ouverte. J'aperçois dans le noir les dernières voitures déjà au loin. Je referme la fenêtre, elle est dure, elle fait du bruit. Maria se dresse d'un bond sur le lit. Elle me regarde de ses grands yeux : « Pourquoi es tu debout et prêt à partir ? » — « Mais, Maria n'as tu pas entendu ce roulement de canons sur la route ? Il y a du y avoir alerte, il faut que je rejoigne mes Camarades. »

Elle me regarde : « Va » dit-elle - « ne dis plus rien - ne me dis pas au revoir - Regarde moi - Mon beau rêve est fini - Reviens sous la fenêtre tout à l'heure avant de partir pour toujours - Je te regarderai. » ....

Je sors en courant. Je suis sur la route. Elle est déserte. La ferme est un peu plus loin à gauche. Je cours toujours, enfin j'arrive dans la cour de la ferme. La grande cour est déserte, noire, froide, entourée de bâtiments sombres. Pas un souffle, pas un bruit. Il n'y a plus âme qui vive… Mon régiment ? Ma batterie ? Mes camarades ? Où sont-ils ? Je reste figé au milieu de cette cour hostile. J'ai froid et il me semble que mon sang ne circule plus. Puis soudain une affreuse pensée traverse mon cerveau : « Je suis un déserteur !… » Mais j'entends du bruit, on dirait un cheval qui piaffe, là dans l'étable où étaient attachés nos chevaux. Je m'engouffre dans le noir du bâtiment. Dans l'ombre, j'aperçois un cheval. Je m'approche… Mais c'est mon cheval, mon petit cheval !… Je suis fou de joie. Il est là, attaché à un anneau de fer par la bride, sellé, couvertures roulées derrière la selle – mon sabre… Ah ! mon petit cheval !… J'ai peine à desserrer la bride et mon petit cheval lève la tête et tire sur la bride comme s'il était impatient de partir. Il est très nerveux et c'est en marche que j'arrive tout de même à mettre le pied à l'étrier et à monter en selle. Aussitôt mon cheval caracole et prend le galop. Je ne peux pas le retenir. Je tire brutalement et je « souque » sur le mors de bride. Je voudrais pourtant le faire tourner à droite, avant de prendre la grande route, pour aller dire au revoir à Maria. Mais rien à faire, il se cabre, tourne sur place, il s'en faut de peu que je sois désarçonné. Je lui caresse l'encolure, je lui parle : « Allons, mon petit cheval, ne sois pas si nerveux. Viens voir encore une

Je sors en courant. Je suis sur la route. Elle est déserte. La ferme est un peu plus loin à gauche. Je cours toujours, enfin j'arrive dans la cour de la ferme. La grande cour est déserte, noire, froide, entourée de bâtiments sombres. Pas un souffle, pas un bruit. Il n'y a plus âmes qui vivent..

Mon Régiment! Ma Batterie? Mes Camarades? Où sont ils? Je reste figé au milieu de cette cour hostile. J'ai froid et il me semble que mon sang ne circule plus. Puis soudain une affreuse pensée traverse mon cerveau: « Je suis un déserteur! »....

Mais j'entends du bruit, on dirait un cheval qui piaffe, là dans l'étable où étaient attachés nos chevaux. Je m'engouffre dans le noir du bâtiment. Dans l'ombre j'aperçois un cheval. Je m'approche... Mais c'est mon cheval, mon petit cheval!.. Je suis fou de joie. Il est là, attaché à un anneau de fer par la bride, sellé, couvertures roulées derrière la selle — mon sabre ... ah! mon petit cheval!.....

J'ai peine à desserrer la bride et mon petit cheval lève la tête et tire sur la bride comme s'il était impatient de partir. Il est très nerveux et c'est en marche que j'arrive tout de même à mettre le pied à l'étrier et à monter en selle. Aussitôt mon cheval caracole et prend le galop. Je ne peux pas le retenir. Je tire brutalement et je "souque" sur le mors de bride. Je voudrais pourtant le faire tourner à droite, avant de prendre la grande route, pour aller dire au revoir à Maria. Mais rien à faire, il se cabre, tourne sur place, il s'en faut de peu que je sois désarçonné. Je lui caresse l'encolure, je lui parle: « Allons, mon petit cheval, ne sois pas si nerveux. Viens voir encore une fois Maria et puis après on va tous les deux retrouver les camarades. Allons ! oh là !... doucement... allez, tourne !... » Rien à faire. Il se cabre encore et tout d'un coup, d'un élan furieux des quatre pattes, il repart au galop sur la grande route. Brave petit cheval... et il galope et galope toujours. Je ne peux rien faire pour le modérer. Nous arrivons à un croisement. Moi, l'homme, le cavalier, je tente de l'arrêter, pour réfléchir, pour essayer de trouver le bon chemin. Est-ce à droite ? Est-ce à gauche ? Ah ! Nous sommes impuissants devant l'intelligence et l'instinct des bêtes ! Je ne peux l'arrêter et il fonce sur la route à droite et il galope, galope toujours !...

Au bout d'une demi-heure, j'aperçois un convoi de dos qui monte devant moi sur la route. Mon petit cheval prend le trot tout seul. Il a vu, lui aussi, les voitures. Je double quelques canons et tout en trottant je demande à un conducteur : « C'est le 35e ? » – « Non, mon vieux, c'est pas le 35, c'est la 6e du 101 Lourd. » Je suis décontenancé, je croyais déjà avoir retrouvé mon régiment. « Savez-vous où se trouve le 35 ? » – « Connais pas », me répond-on... Je double au petit trot toute la colonne. J'arrive en tête. Je double l'officier. Mais aussitôt, il hurle : « Qu'est-ce que c'est que ce cavalier ? Arrêtez ! » Je réponds en me retournant sur ma selle : « Liaison, liaison. » Un coup d'éperon et je repars au galop.

Je suis maintenant seul sur la route. J'ai dépassé depuis un bon quart d'heure déjà la colonne d'artillerie lourde. Je suis toujours au galop. Je n'entends plus le roulement des canons sur le chemin, je n'entends plus les jurons et les coups de fouet. Je galope toujours

fois Maria et puis après on va tous les deux retrouver les camarades - allons ! oh là !.. doucement... allé, tourne !.. » Rien à faire. Il se calme encore et tout d'un coup, d'un élan furieux des quatre pattes, il repart au galop sur la grande route - Brave petit cheval ... et il galope et galope toujours. Je ne peux rien faire pour le modérer. Nous arrivons à un croisement - Moi, l'homme, le Cavalier, je tente de l'arrêter, pour réfléchir, pour essayer de trouver le bon chemin. Est-ce à droite ? Est-ce à gauche ? Ah ! nous sommes impuissants devant l'intelligence et l'instinct des bêtes ! Je ne peux l'arrêter et il fonce sur la route à droite et il galope, galope toujours !....

Au bout d'une demi-heure, j'aperçois un convoi de dos qui monte devant moi sur la route. Mon petit cheval prend le trot tout seul. Il a vu, lui aussi, les voitures. Je double quelques canons et tout en trottant je demande à un conducteur : « C'est le 35ème ? » — « Non, mon vieux, c'est pas le 35, c'est la 6ème du 101 Lourd » Je suis décontenancé, je croyais déjà avoir retrouvé mon Régiment. — « Savez vous où se trouve le 35 ? » - « Connais pas » me répond on ... Je double au petit trot toute la colonne. J'arrive en tête. Je double l'Officier.. mais aussitôt il hurle : « Qu'est ce que c'est que ce Cavalier ? arrêtez ! » Je répond en me retournant sur ma selle : « Liaison, liaison. » - un coup d'éperon et je repars au galop.

Je suis maintenant seul sur la route. J'ai dépassé depuis un bon quart d'heure déjà la colonne d'artillerie lourde. Je suis toujours au galop. Je n'entends plus le roulement des canons sur le chemin je n'entends plus les jurons et les coups de fouet. Je galope toujours et le choc répété des sabots de mon cheval sur la pierre du chemin me résonne dans la tête... il semble me dire et me répéter par saccades hallucinantes : « Déserteur, dé-ser-teur... dé...ser...teur... » Soudain mon petit cheval ralentit l'allure. Je regarde. En effet un convoi est là, arrêté sur le bord de la route. Enfin, j'ai retrouvé mes camarades. Oui ce sont des « 75 ». Je les reconnais. J'aborde un cavalier qui réajuste sa selle : « C'est le 35 ? » – Ah ! non mon vieux, c'est le 28, mais je crois que le 35 est devant nous, à 500 mètres peut-être. » – « Merci. »

J'éperonne et je repars au galop. En tête de la colonne quelques officiers sont là pied à terre. Je les vois de loin, je pars au grand galop, je passe... mais un commandement ferme, entonné par plusieurs voix ensemble : « Stop ! Stop ! le cavalier ! » Je me retourne un peu ému sur ma selle, je freine l'allure de mon cheval et perdu pour perdu je crie : « Éclaireur, trompette ! » – « Bon, passez », me répond-on. Un coup d'éperon et mon petit cheval repart nerveux. Quelle chance !... Enfin au bout de quelques minutes j'aperçois une colonne en marche devant moi. J'ai un serrement de cœur. Mon petit cheval hennit. Je lui parle à l'oreille : « Tu crois que c'est le 35 ? » Il baisse l'encolure et hennit à nouveau. « Oui, tu crois que c'est le 35 ? Brave petit cheval ! » J'approche. J'arrive aux premières voitures. « C'est le 35 ? » – « Oui. » – « Quelle batterie ? » – « La 6e. » – « Et la première où est-elle ? » – « Eh ! ben, mon vieux, en tête, quoi ! » Je repars à petite allure. Je double. Les gradés m'interpellent : « On ne double pas. » Je réponds : « Liaison capitaine, première. » – « En tête, en tête. »

et le choc répété des sabots de mon cheval sur la pierre du chemin me résonne dans la tête.... il semble me dire et me répéter par saccades hallucinantes : « déserteur, dé-ser-teur.. dé..ser..teur... » Soudain mon petit cheval ralentir l'allure. Je regarde. En effet un convoi est là, arrêté sur le bord de la route. Enfin j'ai retrouvé mes camarades. Oui ce sont des 75. Je les reconnais. J'aborde un cavalier qui réajuste sa selle : « C'est le 35 ? » – « ah ! non mon vieux, c'est le 28, mais je crois que le 35 est devant nous, à 500 mètres peut être. » – « merci. » J'éperonne et je repars au galop. En tête de la colonne quelques officiers sont là pieds à terre. Je les vois de loin, je pars au grand galop, je passe... mais un commandement ferme entoné par plusieurs voix ensemble : « Stop ! Stop ! le cavalier ! » Je me retourne un peu ému sur ma selle, je freine l'allure de mon cheval et perdu pour perdu je crie : « Eclaireur, trompette ! » – « Bon, passez » me répond on. un coup d'éperon et mon petit cheval repars nerveux. – quelle chance !.... Enfin au bout de quelques minutes j'aperçois une colonne en marche devant moi. J'ai un serrement de cœur – mon petit cheval henni – Je lui parle à l'oreille : « Tu crois que c'est le 35 ? » Il baisse l'encolure et henni à nouveau « oui, tu crois que c'est le 35 ! Brave petit cheval ! » J'approche – J'arrive aux premières voitures. « C'est le 35 ? » – « Oui » – – « quelle batterie ? » – « la 6ème » – « Et la première où est elle ? » – « Eh ! ben, mon vieux, en tête, quoi ! » Je repars à petite allure – Je double – Les gradés m'interpellent : « on ne double pas » – Je répond : « Liaison capitaine, première. » – « En tête, en tête » –

– « Quelle batterie ? » – « Troisième. » – « On ne double pas. » Je réponds : « Liaison capitaine première ! »… Liaison… liaison… Quelle batterie ?… « Première ! »

Ah ! Quelle joie ! Le sang afflue à mes joues. Je suis heureux. Mon petit cheval a repris sa marche normale – au pas, bien docile – calme et confiant à côté de ses maîtres et à côté de ses copains les chevaux. Je reconnais mon conducteur de devant qui jure et qui fait claquer son fouet. Je reconnais mon maître pointeur, ce brave Guybert, la tête enfouie dans son cache-nez.

Je me range, à ma place, près de mon canon et je vais, je vais comme si tout était dans l'ordre, comme d'habitude… mais est-ce que tout n'est pas normal maintenant ?

Nous remontons au front au mois de septembre 1917 – sur la route de Varennes-en-Argonne… Quelques jurons, quelques coups de fouet éclatent de temps en temps… Au loin le grondement sourd de la guerre qui continue…

« Savez-vous que vous êtes des braves types de m'avoir préparé mon cheval…

– Ben, mon petit, on a encore répondu présent pour toi, dans le noir, au moment de l'alerte. Vois-tu, t'aurais dû venir "pieuter" avec nous ! »

Et le conducteur du milieu qui vient de me parler claque d'un coup de fouet son « sous-verge ».

« Eh ! en avant, tire la Marie ! »

– « Quelle Batterie ? » – « Troisième » – « On ne double pas ! » – Je réponds : « Liaison Capitaine première ! » ..... Liaison .... liaison .... quelle batterie ? .... « Première ! »

Ah ! quelle joie. Le sang afflue à mes joues. Je suis heureux. Mon petit cheval a repris sa marche normale – au pas – bien docile – calme et confiant à côté de ses maîtres et à côté de ses copains les chevaux. Je reconnais mon conducteur de devant qui jure et qui fait claquer son fouet. Je reconnais mon maître-pointeur, ce brave Cruybert, la tête enfouie dans son cache-nez. Je me range, à ma place, près de mon canon et je vais, je vais comme si tout était dans l'ordre, comme d'habitude .... mais est-ce que tout n'est pas normal maintenant ?

Nous remontons au front au mois de Septembre 1917 – sur la route de Varennes, en Argonne ... quelques jurons, quelques coups de fouet éclatent de temps en temps ..... au loin le grondement sourd de la Guerre qui continue ....

– « Savez-vous que vous êtes des braves types de m'avoir préparé mon cheval ...... »
– « Ben, mon petit, on a encore répondu présent pour toi, dans le noir, au moment de l'alerte – Vois-tu, t'aurais dû venir "pieuter" avec nous ! »
– et le conducteur du milieu qui vient de me parler, claque d'un coup de fouet son "sous-verge" –
– « Eh ! en avant, tire la Marie ! »

Le Chemin des Dames. Laffaux.
L'attaque du fort de la Malmaison.

8 septembre 1917. Alerte !… Nous partons brusquement pour le front, tout de suite. Notre repos aura été bien court. Il paraît que le 1er groupe est un groupe remarquable, c'est pourquoi nous repartons. Nous avons le moral excellent.

9 septembre 1917. Nous avons fait quarante kilomètres à cheval.

11 septembre 1917. Nous sommes dans un bois. Ce soir, nous montons en position et la séance va recommencer. J'ai couché cette nuit sous un canon. J'étais enrhumé. Ce matin mon rhume est complètement passé. Dans le civil j'aurais eu une fluxion de poitrine…

A la tombée de la nuit, le 22 Octobre 1917, l'artillerie va occuper ses positions.

Le Chemin des Dames – Laffaux.
L'attaque du Fort de la Malmaison.

8 Septembre 1917. Alerte !... Nous partons brusquement pour le front, tout de suite. Notre repos aura été bien court. Il paraît que le 1er groupe est un groupe remarquable, c'est pourquoi nous repartons. Nous avons le moral excellent.

9 Septembre 1917. Nous avons fait quarante kilomètres à cheval.

11 Septembre 1917. Nous sommes dans un bois. Ce soir nous montons en position et la séance va recommencer. J'ai couché cette nuit sous un canon. J'étais enrhumé. Ce matin mon rhume est complètement passé. Dans le civil j'aurais eu une fluxion de poitrine....

Il y a des Noirs avec nous, des spahis, des chasseurs d'Afrique. Ça va barder bien sûr ! Le moral est bon. Vive la France !

12 septembre 1917. Nous sommes installés dans une ancienne position boche. Ces gens-là avaient vraiment le souci du confortable. Les gourbis sont merveilleux, portes, carreaux, couchettes, portemanteaux, salles de bain avec baignoire en faïence blanche, appareils de douche, lavoirs, etc. Malheureusement l'entrée des gourbis est tournée du mauvais côté, côté boche, et les obus peuvent maintenant rentrer directement dedans. C'est le seul ennui. Ce matin j'ai pris un bain complet dans une des belles baignoires.

Par ici on ne voit que des troupes remarquables : chasseurs d'Afrique, coloniaux, marocains, soudanais, etc. Attention, vieux Fritz, c'est sûrement la dernière fois qu'on va vous tirer dessus !

Nous sommes à côté de Vailly entre Soissons et Laon, tout près du « Chemin des Dames » dans l'Aisne.

15 septembre 1917. Les Boches ont voulu attaquer hier soir, mais notre feu de barrage les a arrêtés net. Cela commence bien. Les permissions sont supprimées.

17 septembre 1917. Je viens du poste d'observation. À notre gauche se trouve le village de Laffaux. À droite, le « Chemin des Dames ».

Le maréchal des logis du 2e groupe, avec qui j'étais au poste d'observation, a été blessé à la tête par une balle de shrapnel, l'obus a /...

Il y a des noirs avec nous, des spahis, des chasseurs d'afrique. Ça va barder biensûr ! Le moral est bon. Vive la France !

12 Septembre 1917. Nous sommes installés dans une ancienne position boche. Ces gens là avaient vraiment le souçi du confortable. Les gourbis sont merveilleux, portes, carreaux, couchettes, portemanteaux, salles de bain avec baignoire en faïence blanche, appareils de douche, lavoirs etc.. Malheureusement l'entrée des gourbis est tournée du mauvais côté, côté boche et les obus peuvent maintenant rentrer directement dedans. C'est le seul ennui. Ce matin j'ai pris un bain complet dans une des belles baignoires.

Par ici on ne voit que des troupes remarquables : chasseurs d'afrique, coloniaux, marocains, soudanais, etc. Attention, vieux Fritz, c'est sûrement la dernière fois qu'on va vous tirer dessus !

Nous sommes à côté de Vailly entre Soissons et Laon, tout près du "Chemin des Dames" dans l'aisne.

15 Septembre 1917. Les boches ont voulu attaquer hier soir, mais notre feu de barrage les a arrêtés net. Cela commence bien. Les permissions sont supprimées.

17 Septembre 1917. Je viens du poste d'observation. A notre gauche se trouve le vileage de Laffaux. A droite le "Chemin des Dames"

Le maréchal-des-logis du 2ème Groupe avec qui j'étais au poste d'observation a été blessé à la tête par une balle de schrappnel, l'obus a éclaté au-dessus de nous. Je n'ai rien, je n'aurai jamais rien.

19 septembre 1917. Nous avons des poux et des poux allemands. Ils sont remarquables, paraît-il, pour leur « Croix de fer » qu'ils ont sur le dos ! Je ne l'ai pas encore vue ! En vue des attaques prochaines on nous a fait raser les cheveux à la tondeuse, complètement à ras pour que les blessures à la tête ne soient pas envenimées par les cheveux. C'est gai ! C'est le régiment « têtes de veaux » a trouvé Mauriac.

21 septembre 1917. J'ai reçu une bonne lettre de mes parents me souhaitant mon anniversaire. J'ai vingt ans demain.

22 septembre 1917. Le terrain ici est extrêmement dur, il y a beaucoup de rochers et pour nous faire des abris (certains abris boches sont inhabitables) on est obligés de faire sauter les blocs de pierre à la dynamite et quand cela ne suffit pas on met un détonateur dans un obus de 75 et la pierre cède bien. Mais c'est un petit jeu dangereux.

24 septembre 1917. Je suis en rogne après les Boches. Voilà qu'ils recommencent à nous lancer des gaz asphyxiants. Je suis heureux de leur tirer à la figure. Hier soir nous tirions bien à la vitesse de dix-huit à vingt coups à la minute… et allez donc ! bande de vaches ! Si je rencontre le père « Eckart » (il doit être commandant de batterie de « 150 » ce cochon-là), je lui fends le crâne ! Ça c'est certain !…

29 septembre 1917. J'apprends à l'instant par une lettre que maman vient d'être /…

éclaté au dessus de nous. Je n'ai rien, je n'aurai jamais rien.

19 Septembre 1917. Nous avons des poux et des poux allemands. Ils sont remarquables, paraît-il par leur "croix de fer" qu'ils ont sur le dos! Je ne l'ai pas encore vue! En vue des attaques prochaines on nous a fait raser les cheveux à la tondeuse, complètement à ras pour que les blessures à la tête ne soient pas envenimées par les cheveux. C'est gai! C'est le régiment "têtes de veaux" a trouvé Mauriac.

21 Septembre 1917. J'ai reçu une bonne lettre de mes parents me souhaitant mon anniversaire. J'ai vingt ans demain.

22 Septembre 1917. Le terrain ici est extrêmement dur, il y a beaucoup de rochers et pour nous faire des abris (certains abris boches sont inhabitables) on est obligé de faire sauter les blocs de pierre à la dynamite et quand cela ne suffit pas on met un détonateur dans un obus de 75 et la pierre cède bien. Mais c'est un petit jeu dangereux.

24 Septembre 1917. Je suis en rogne après les boches. voilà qu'ils recommencent à nous lancer des gaz asphyxiants. Je suis heureux de leur tirer à la figure. Hier soir nous tirions bien à la vitesse de dix huit à vingt coups à la minute ... et allez donc! bande de vaches! Si je rencontre le père "Eckart," (il doit être commandant de batterie de "150" ce cochon là) je lui fends le crâne! Ça c'est certain! ....

29 Septembre 1917. J'apprends à l'instant par une lettre que maman vient d'être

décorée de la médaille des Épidémies. Je viens de lui écrire une lettre flamboyante !

« Chère maman, je viens d'apprendre à l'instant par votre lettre quotidienne que tu venais d'être décorée de la médaille des Épidémies. Je tiens à te féliciter tout de suite de cette haute récompense si bien méritée. Depuis le début de la guerre, depuis plus de trois ans, tu soignes avec une ardeur et un courage admirables nos blessés de France. Tu t'es montrée très digne et tu as fait tout ton devoir en donnant tes soins, non seulement aux blessés français, mais aussi aux blessés allemands. Avec ta haute connaissance de la langue allemande, tu as su rendre de grands services dans le service de chirurgie dont tu fais partie et aussi te montrer bonne envers nos redoutables ennemis, mais qui châtiés par le sort étaient sans défense. Tu as donc été impartiale. L'Allemagne aussi bien que la France doivent t'honorer. Tu as empêché des mères de pleurer, des fiancés de se lamenter, des enfants de réclamer leur père que la mort voulait emporter. Tous les soldats de France te remercient. Ils savent tous que dans un petit hôpital de province se trouve une bonne maman qui saura leur redonner courage si jamais ils sont blessés. Tu es la mère, la bonne maman à tous. Tu es celle qui redonne le sourire aux pauvres agonisants et le sourire c'est la guérison. Ta récompense est petite à côté des services rendus. Mais sois certaine que la meilleure récompense c'est l'estime de tous et l'amour de tous. Ton fils qui là-bas combat pour la liberté est fier d'avoir une telle maman. Il en a d'autant plus de courage à se battre.

décorée de la Médaille des Épidémies. Je viens de lui écrire une lettre flamboyante ! :

« Chère maman, je viens d'apprendre à « l'instant par votre lettre quotidienne que tu venais « d'être décorée de la Médaille des Épidémies. Je tiens « à te féliciter tout de suite de cette haute récompense si « bien méritée. Depuis le début de la guerre, depuis « plus de trois ans, tu soignes avec une ardeur et un cou« rage admirables nos blessés de France. Tu t'es mon« trée très digne et tu as fait tout ton devoir en donnant « tes soins, non seulement aux blessés français, mais aussi « aux blessés allemands. Avec ta haute connaissance « de la langue allemande, tu as su rendre de grands « services dans le service de chirurgie dont tu fais partie et « aussi te montrer bonne envers nos redoutables enne« mis, mais qui châtiés par le sort étaient sans défense. « Tu as donc été impartiale. L'Allemagne aussi bien que « la France doivent t'honorer. Tu as empêché des mères « de pleurer, des fiancés de se lamenter, des enfants de « réclamer leur père que la Mort voulait emporter. Tous « les soldats de France te remercient. Ils savent tous que « dans un petit hôpital de province se trouve une bonne « maman qui saura leur redonner courage si ja« mais ils sont blessés. Tu es la mère, la bonne maman « à tous. Tu es celle qui redonne le sourire aux pauvres « agonisants et le sourire c'est la guérison. Ta récompen« se est petite à côté des services rendus. Mais sois certai« ne que la meilleure récompense c'est l'estime de tous « et l'amour de tous. Ton fils qui là-bas, combat pour « la Liberté est fier d'avoir une telle maman. Il en a « d'autant plus de courage à se battre.

» Je termine, ma chère petite maman, en t'adressant encore, au nom de tous mes camarades et du mien, nos remerciements et notre reconnaissance.

» À toi, mes meilleurs baisers et à bientôt l'espoir de la fin de la guerre avec la santé. »

....

3 octobre 1917. Mauriac chante :

« Il pleut, il pleut, bergère !
Ça fait tomber la poussière ! »

Nous avons touché un chandail et des couvertures. Cela sent l'hiver. Je suis au poste d'observation et les obus tombent autour de nous. Les éclats sifflent. Un avion boche, en ce moment, mitraille à vingt mètres les premières lignes françaises. Il vient presque tous les jours. On le nomme « Fantômas ». Aucun avion français n'a pu encore le descendre. Il paraît que le pilote est un grand coureur cycliste allemand. Comment peut-on bien savoir cela ? On dit tant de choses ! Nous nous cachons le mieux possible car ce ne serait pas drôle qu'il nous mitraille aussi.

4 octobre 1917. Je manie la pioche et la pelle quand je ne tire pas. Je creuse, je tape. Nous faisons des sapes dans le rocher. Ils pourront nous marmiter quand nous serons là-dessous. Notre vaguemestre a été tué ces jours-ci. Nous venons de l'apprendre par *Le Messager du 35e*, le petit journal de notre aumônier. Il paraît que c'est le filon d'être vaguemestre, la preuve ! Son cheval a eu les deux pattes de devant coupées.

5 octobre 1917. J'ai reçu un colis de crêpes excellentes de chez nous. Il a été liquidé hier soir entre deux tirs de barrage, de dix heures à minuit. /...

« Je termine, ma chère petite maman, en
« t'adressant encore au nom de tous nos camarades
« et du mien, nos remerciements et notre reconnaissance.

« A toi, mes meilleurs baisers et à bientôt
« l'espoir de la fin de la guerre avec la santé. »

....

3 octobre 1917. Mauriac chante :

« Il pleut, il pleut, bergère !
« Ça fait tomber la poussière ! »

Nous avons touché un chandail et des couvertures. Cela sent l'hiver. Je suis au poste d'observation et les obus tombent autour de nous. Les éclats sifflent. Un avion boche, en ce moment, mitraille à vingt mètres, les premières lignes françaises. Il vient presque tous les jours. On le nomme "Fantomas". Aucun avion français n'a pu encore le descendre. Il paraît que le pilote est un grand coureur cycliste allemand. Comment peut-on bien savoir cela. On dit tant de choses. Nous nous cachons le mieux possible car ce ne serait pas drôle qu'il nous mitraille aussi.

4 octobre 1917. Je manie la pioche et la pelle quand je ne tire pas. Je creuse, je tape. Nous faisons des sapes dans le rocher. Ils pourront venir marmiter quand nous serons là-dessous. Notre vaguemestre a été tué ces jours-ci. Nous venons de l'apprendre par le "Messager du 35ème" le petit journal de notre aumônier. Il paraît que c'est le filon d'être vaguemestre, la preuve ! Son cheval a eu les deux pattes de devant coupées.

5 octobre 1917. J'ai reçu un colis de crêpes excellentes de chez nous. Il a été liquidé hier soir entre deux tirs de barrage, de dix heures à minuit.

Nous avons touché une barrique de cent quarante litres de « pinard » et j'ai été chargé de faire la distribution. J'ai fait le bon fourrier : deux ou trois litres en plus pour notre pièce, système D.

9 octobre 1917. Je suis descendu à l'échelon pour suivre un cours de perfectionnement d'agent de liaison. Nous préparons une grande offensive, dit-on. Ici, les Boches nous laissent tranquilles. Nous suivons le cours avec une division marocaine. Il y a beaucoup de juifs algériens, des Somalis et des Sénégalais avec leur « coupe-coupe », les tueurs de Boches. Le commandant de bataillon est très gentil.

10 octobre 1917. Nous sommes montés en première ligne aujourd'hui pour faire des exercices d'optique et d'acoustique.

18 octobre 1917. Encore de la chance ! Un obus de « 77 » est tombé à côté de nous à cinquante mètres, sans éclater. Nous venons de le déterrer avec pelles et pioches. Il était entré assez profondément en terre. Nous avons réfléchi après que ce que nous avions fait était bien dangereux. S'il nous avait éclaté à la figure au moment où nous le déterrions ! Mais on ne pense à rien. On joue avec la mort et la mort joue avec nous.

26 octobre 1917. Me voilà enfin retourné à l'échelon pour me reposer un peu.

La grande attaque est finie.

Depuis longtemps on parlait de cette attaque formidable qui devait se dérouler dans nos parages. J'ai demandé à être volontaire comme maréchal des logis agent de liaison pour faire l'attaque. C'est pourquoi j'étais à l'échelon suivre un cours.

Nous avons touché une barrique de cent quarante litres de "pinard" et j'ai été chargé de faire la distribution. J'ai fait le bon fourrier : deux ou trois litres en plus pour notre pièce, système D.

9 octobre 1917. Je suis descendu à l'échelon pour suivre un cours de perfectionnement d'agent de liaison. Nous préparons une grande offensive, dit-on. Ici les boches nous laissent tranquilles. Nous suivons le cours avec une division marocaine. Il y a beaucoup de juifs algériens, des Somalis et des Sénégalais avec leur "coupe-coupe", les tueurs de boches. Le commandant de bataillon est très gentil.

10 octobre 1917. Nous sommes montés en première ligne aujourd'hui pour faire des exercices d'optique et d'acoustique.

18 octobre 1917. Encore de la chance ! un obus de "77" est tombé à côté de nous à cinquante mètres, sans éclater. Nous venons de le déterrer avec pelles et pioches. Il était entré assez profondément en terre. Nous avons réfléchi après que ce que nous avions fait était bien dangereux. S'il nous avait éclaté à la figure au moment où nous le déterrions ! Mais on ne pense à rien. On joue avec la Mort et la Mort joue avec nous.

26 octobre 1917. Me voilà enfin retourné à l'échelon pour me reposer un peu.

La grande attaque est finie.

Depuis longtemps on parlait de cette attaque formidable qui devait se dérouler dans nos parages. J'ai demandé à être volontaire comme maréchal-des-logis agent de liaison pour faire l'attaque. C'est pourquoi j'étais à l'échelon suivre un cours.

... nous venons de te déterrer ..

Oct. 1917.

Après avoir suivi ce cours, j'ai rejoint dans un village environnant l'échelon le deuxième bataillon du 4e zouaves avec qui je suis monté à l'assaut.

Nous sommes partis dans la nuit du 21 au 22 octobre. Je faisais partie d'une équipe de chasseurs d'Afrique commandée par un maréchal des logis de chasseurs. Nous avions sur nous tout un matériel de liaison : projecteurs, téléphone, bobines de fil téléphonique, cartes, etc.

Nous sommes partis à cinq heures du soir et pour monter jusqu'aux premières lignes nous avons fait vingt kilomètres. Jamais je n'ai tant souffert de la fatigue. Après avoir dépassé les batteries d'artillerie lourde qui tiraient continuellement ou qui prenaient position dans la boue, nous sommes arrivés à l'endroit où commencent les « boyaux ».

J'ai passé une nuit terrible. Nous avons parcouru au moins dix kilomètres dans les « boyaux » avec de la boue jusqu'aux genoux. J'ai pleuré tellement j'étais rendu et fatigué. À un moment donné, je me suis enlisé dans la boue jusqu'au ventre et ce sont les tirailleurs venus à mon aide qui m'ont tiré de là…

Nous sommes arrivés en premières lignes à une heure du matin. Pas d'abri, une simple tôle légère. J'ai passé la nuit sans dormir…

Au petit jour, mon temps a été employé à poser des lignes téléphoniques jusqu'aux tranchées de départ. À huit heures le maréchal des logis de chasseurs a été blessé grièvement à côté de moi par un obus, jambes et mâchoires fracturées. Comme j'ai pu, aidé de

Après avoir suivi ce cours, j'ai rejoint dans un village environnant l'échelon, le deuxième Bataillon du 4ème Zouave avec qui je suis monté à l'assaut.

Nous sommes partis dans la nuit du 21 au 22 octobre. Je faisais partie d'une équipe de chasseurs d'afrique commandée par un maréchal des logis de chasseurs. Nous avions sur nous tout un matériel de liaison: projecteurs, téléphone, bobines de fil téléphonique, cartes etc...

Nous sommes partis à cinq heures du soir et pour monter jusqu'aux premières lignes nous avons fait vingt kilomètres. Jamais je n'ai tant souffert de la fatigue. après avoir dépassé les batteries d'artillerie lourde qui tiraient continuellement ou qui prenaient position dans la boue, nous sommes arrivés à l'endroit où commencent les "boyaux".

J'ai passé une nuit terrible. Nous avons parcouru au moins dix kilomètres dans les "boyaux" avec de la boue jusqu'aux genoux. J'ai pleuré tellement j'étais rendu et fatigué. a un moment donné je me suis enlisé dans la boue jusqu'au ventre et ce sont les tirailleurs venus à mon aide qui m'ont tiré de là....

Nous sommes arrivés en premières lignes à une heure du matin. Pas d'abri, une simple tôle légère. J'ai passé la nuit sans dormir....

au petit jour, mon temps a été employé à poser des lignes téléphoniques jusqu'aux tranchées de départ. a huit heures le maréchal des logis de chasseur a été blessé grièvement à côté de moi par un obus, jambes et machoires fracturées. Comme j'ai pu, aidé de quelques tirailleurs, je l'ai transporté au poste de secours. Par suite de ce malheur, je devins chef de l'équipe. Le bombardement français était commencé depuis trois jours. Impossible de dormir un peu. Les mitrailleuses placées près des batteries d'artillerie faisaient du tir « indirect », c'est-à-dire tiraient des milliers de cartouches sur les « pistes » de l'ennemi et par leur « tac-tac » infernal nous tenaient éveillés. Enfin on passe la nuit tout de même, debout…

Au matin, vers quatre heures, alerte ! On se dirige, dans les tranchées, vers les points de départ. L'attaque devait avoir lieu à cinq heures quinze. Nous avions un quart de « gniole » avec de l'éther, par homme. Je n'en ai pas bu. J'étais tellement certain, je ne sais pourquoi, de ne rien avoir que je me sentais assez fort pour monter à l'assaut sans m'étourdir.

Ma mission était de suivre le commandant de bataillon et lui servir d'observateur et d'agent de liaison.

À cinq heures douze, le commandant nous prévient, il faisait tout petit jour.

« Attention les enfants, il est presque l'heure, dans trois minutes nous sortons. »

Que ces trois minutes furent longues !

Tout d'un coup le commandant s'écrie :

« Allons, en avant ! Hardi les gars du 4e zouaves ! »

Il fallait escalader le parapet de la tranchée, le commandant manque son élan, je le pousse aux fesses et je l'aide à monter sur le haut du parapet boueux.

« Merci, mon petit », m'a-t-il dit.

Et nous voilà sur la plaine…

quelques tirailleurs, je l'ai transporté au Poste de secours. Par suite de ce malheur je devins chef de l'équipe.
Le bombardement français était commencé depuis trois jours. Impossible de dormir un peu. Les mitrailleuses placées près des batteries d'artillerie faisaient du tir "indirect" c'est à dire tiraient des milliers de cartouches sur les "pistes" de l'ennemi et par le "tac tac" infernal nous tenait éveillés. Enfin on passe la nuit tout de même, debout...

Au matin, vers quatres heures : alerte ! on se dirige, dans les tranchées, vers les points de départ. L'attaque devait avoir lieu à cinq heures quinze. Nous avions un quart de "gniole" avec de l'éther, par homme. Je n'en ai pas bu. J'étais tellement certain, je ne sais pourquoi de ne rien avoir que je me sentais assez fort pour monter à l'assaut sans m'étourdir.

Ma mission était de suivre le Commandant de bataillon et lui servir d'observateur et d'agent de liaison.

A cinq heures douze le commandant nous prévient, il faisait tout petit jour.

« Attention les enfants, il est presque l'heure, dans trois minutes nous sortons ! »
Que ces trois minutes furent longues !

Tout d'un coup, le Commandant s'écrit :

« Allons, en avant ! Hardi les gars du 4ème Zouave ! »
Il fallait escalader le parapet de la tranchée, le Commandant manque son élan, je le pousse aux fesses et je l'aide à monter sur le haut du parapet boueux.
« Merci, mon petit » m'a-t-il dit.
Et nous voilà sur la plaine......

Comment décrire un tableau si terrible ? Le barrage des « 75 » faisait une ligne de feu devant nous. Les tirailleurs, baïonnette au canon, s'avançaient le buste courbé, à petits pas. Le commandant et moi, côte à côte, un peu derrière, la canne à la main gauche, le revolver à la main droite, et tout mon « barda » sur le dos, deux projecteurs, deux grosses piles électriques au ceinturon, la boîte à téléphone, le rouleau de couvertures sur les reins, bidon, musette... et un peu plus loin deux de mes chasseurs qui déroulent, qui déroulent toujours du fil téléphonique d'une énorme bobine dans laquelle ils ont passé un gros bout de bois...

Nous avançons toujours derrière le tir des « 75 ». Nous traversons le « Chemin des Dames ». Les lueurs des obus de « 75 », les fusées boches, les éclatements, le feu, la mitraille, les balles, la fumée, c'est quelque chose d'inouï et d'inexprimable...

Soudain, un souffle chaud avec une détonation tellement forte qu'elle semble vous briser le tympan, une lueur qui vous brûle les yeux : un obus a éclaté entre nous deux certainement. Le commandant me regarde : « Blessé ? » – « Non » – « Eh bien ! Celui-là nous a chauffé le derrière ! » En passant mes mains sur la figure, je sens que mes sourcils sont brûlés. Nous avons eu chaud ! Le commandant me dit encore :

« Dupré, allez dire là-bas au lieutenant Utrèche que vous voyez à votre droite, qu'il appuie trop à droite. »

J'y vais en courant, arrivé près du /...

Comment décrire un tableau si terrible? Le barrage des "75" faisait une ligne de feu devant nous. Les tirailleurs baïonnettes au canon s'avançaient le buste courbé, à petits pas. Le commandant et moi, côte à côte, un peu derrière, la canne à la main gauche, le revolver à la main droite et tout mon "barda" sur le dos, deux projecteurs, deux grosses piles électriques au ceinturon, la boîte à téléphone, le rouleau de couvertures sur les reins, bidon, musette.... et un peu plus loin deux de mes chasseurs qui déroulent, qui déroulent toujours du fil téléphonique d'une énorme bobine dans laquelle ils ont passé un gros bout de bois.....

Nous avançons toujours derrière le tir des "75". Nous traversons le "Chemin des Dames" Les lueurs des obus de "75", les fusées boches, les éclatements, le feu, la mitraille, les balles, la fumée, c'est quelque chose d'inouï et d'inexprimable....

Soudain un souffle chaud avec une détonation tellement forte qu'elle semble vous briser le tympan, une lueur qui vous brûle les yeux : un obus a éclaté entre nous deux certainement. Le commandant me regarde : « Blessé ? » — « Non » — « Eh bien! celui là nous a chauffé le derrière ! » En passant mes mains sur la figure, je sens que mes sourcils sont brûlés - Nous avons eu chaud ! Le commandant me dit encore :

« Dupré, allez dire là-bas au lieutenant Utrèche que vous voyez à votre droite, qu'il appuie trop à droite. »

J'y vais en courant, arrivé près du

lieutenant, je dis : « Mon lieutenant, ordre du commandant, vous... » Je n'ai pas le temps de finir ma phrase, le lieutenant porte sa main à sa figure, tombe en avant en criant : « Ah ! » Je m'en souviendrai toute ma vie. Une balle avait dû lui traverser la tête.

Nous continuons notre avance, et nous nous arrêtons deux cents mètres plus loin dans la tranchée allemande qui était notre objectif. Nous avons attendu là trois heures, dans les trous d'obus. Les balles ennemies passaient très près au-dessus de nos têtes ou écornaient le bord du trou d'obus où nous étions tête baissée.

Deux tirailleurs assis à côté de moi un peu plus haut presque au bord du trou, causaient lentement dans leur jargon nègre. Tout d'un coup, ils s'affaissent tous les deux légèrement, la tête en avant sans une plainte. Je grimpe un peu pour voir, je regarde leur figure... tous les deux, morts, en même temps, par une balle de mitrailleuse...

Nous nous installons tant bien que mal dans le terrain conquis. Je trouve une sape boche énorme. Je réunis mon équipe. Nous sommes cinq sur dix-huit. Que sont devenus les autres ? Tués ? Blessés ? On lance quelques grenades dans le fond de la sape au cas où quelques Boches rebelles nous tirent dessus au moment où nous serions descendus. Nous descendons. Nous trouvons trois blessés dans cet abri. L'un est couché et porte un brassard de la Croix-Rouge. Les deux autres sont assis et paraissent hébétés. Nous ne leur disons rien. Quelques camarades se couchent sur les couchettes de l'abri. J'ouvre une boîte de sardines et je mange une sardine sans pain, nous n'en avons plus. Je donne

lieutenant, je dis : « Mon lieutenant, ordre du commandant, vous..... » Je n'ai pas le temps de finir ma phrase, le lieutenant porte sa main à sa figure, tombe en avant en criant : « Ah ! » Je m'en souviendrai toute ma vie. Une balle avait dû lui traverser la tête.

Nous continuons notre avance et nous nous arrêtons deux cents mètres plus loin dans la tranchée allemande qui était notre objectif. Nous avons attendu là trois heures, dans les trous d'obus. Les balles ennemies passaient très près au-dessus de nos têtes ou écornaient le bord du trou d'obus où nous étions tête baissée.

Deux tirailleurs assis à coté de moi un peu plus haut presqu'au bord du trou, causaient lentement dans leur jargon nègre. Tout d'un coup, ils s'affaissent tous les deux légèrement, la tête en avant sans une plainte. Je grimpe un peu pour voir, je regarde leur figure ... tous les deux, morts, en même temps, par une balle de mitrailleuse....

Nous nous installons tant bien que mal dans le terrain conquis. Je trouve une sape boche énorme. Je réunis mon équipe. Nous sommes cinq sur dix huit. Que sont devenus les autres ? Tués ? blessés ? On lance quelques grenades dans le fond de la sape au cas où quelques boches rebelles nous tirent dessus au moment où nous serions descendus. Nous descendons. Nous trouvons trois blessés dans cet abri. L'un est couché et porte un brassard de la Croix-Rouge. Les deux autres sont assis et paraissent hébétés. Nous ne leur disons rien. Quelques camarades se couchent sur les couchettes de l'abri. J'ouvre une boite de sardines et je mange une sardine sans pain, nous n'en avons plus. Je donne un bout de chocolat à un Boche qui porte un brassard. Il refuse et je comprends par ses gestes qu'il est blessé au ventre par les grenades que nous avons lancées tout à l'heure. Je relève une couverture posée sur lui. Sa veste et son pantalon à la hauteur du nombril sont déchiquetés et il a une affreuse blessure, son pantalon gris est plein de sang. Il gémit doucement. C'est affreux !

24 octobre 1917. Il fait nuit. Il faut que j'aille rendre compte au commandant de bataillon des pertes subies par mon équipe. Un homme en ce moment transmet un message à notre batterie en signaux morse avec le seul projecteur qui nous reste. En partant à l'attaque nous en avions deux chacun, mais comme c'était très lourd on a commencé par en laisser un sur deux dans un trou d'obus. Les autres sont démolis ou perdus. Je sors à tâtons de la sape. Vingt-trois marches à monter ! Je suis dehors. Il fait très noir, un obus passe et éclate à trente mètres. Je me fiche à plat ventre. Les éclats comme des guêpes bourdonnent… Je me relève. Je consulte mon plan avec ma lampe électrique. Je suis dans la tranchée de la Rancune. Le commandant se trouve dans la tranchée de la Danse. J'ai vu le poste du commandant ce matin et je sais à peu près où il est. J'y arrive péniblement vingt minutes après. Il faut se mettre à quatre pattes pour entrer dans la sape. La terre bouche à moitié l'entrée. Un obus a dû éclater là il n'y a pas bien longtemps. Je trouve le commandant qui fume sa pipe et consulte une carte. Je fais mon rapport. Le commandant demande si nous avons à manger. Il me fait donner six tablettes de chocolat par un grand Noir

un bout de chocolat au boche qui porte un brassant. Il refuse et je comprend par ses gestes qu'il est blessé au ventre par les grenades que nous avons lancées tout à l'heure. Je relève une couverture posée sur lui. Sa veste et son pantalon à la hauteur du nombril sont déchiquetés et il a une affreuse blessure, son pantalon gris est plein de sang. Il gémit doucement. C'est affreux!

24 octobre 1917. Il fait nuit. Il faut que j'aille rendre compte au Commandant de bataillon des pertes subies par mon équipe. Un homme en ce moment transmet un message à notre batterie en signaux "Mors" avec le seul projecteur qui nous reste. En partant à l'attaque nous en avions deux chacun, mais comme c'était très lourd on a commencé par en laisser un sur deux dans un trou d'obus. Les autres sont démolis ou perdus. Je sors à tâtons de la sape. Vingt trois marches à monter! Je suis dehors. Il fait très noir, un obus passe et éclate à trente mètres. Je me fiche à plat ventre. Les éclats comme des guêpes bourdonnent... Je me relève. Je consulte mon plan avec ma lampe électrique. Je suis dans la tranchée de la Rancune. Le commandant se trouve dans la tranchée de la Danse. J'ai vu le poste du Commandant ce matin et je sais à peu près où il est. J'y arrive péniblement vingt minutes après. Il faut se mettre à quatre pattes pour entrer dans la sape. La terre bouche à moitié l'entrée. Un obus a dû éclater là il n'y a pas bien longtemps. Je trouve le Commandant qui fume sa pipe et consulte une carte. Je fais mon rapport. Le Commandant demande si nous avons à manger. Il me fait donner six tablettes de chocolat par un grand noir

qui doit être son ordonnance. Je ressors. Le grand Nègre me suit. Dans le boyau le grand Nègre me suit encore.

« Je connais le chemin, tu peux t'en retourner », lui dis-je.

« Ti donnerai bon chocolat ! » me dit-il tout près de moi et je vois ses grands yeux qui brillent… J'ai peur de comprendre ce qu'il veut de moi…

D'un bond, je saute le parapet. Je suis sur la plaine. Des balles de mitrailleuse sifflent.

Le Nègre ne m'a pas suivi, je cours, ah ! le cochon !…

Où suis-je ? J'ai parcouru en courant peut-être cent mètres. Je suis perdu. Pourtant je me souviens bien que notre sape est indiquée par un bâton surmonté d'un casque de tranchée boche. Je regarde tout autour de moi, mais il fait très nuit et je ne vois pas grand-chose. Je marche encore un peu. Je ne retrouve pas la sape. Je commence à avoir un peu peur. Je cherche encore. Je tombe dans un trou… Il y a des cadavres partout et je marche dessus, c'est horrible !

Un éclatement tout près de moi. Je reste debout, je ne sais pas pourquoi… un choc sur mon bras gauche comme un coup de bâton… Je tâte, ma capote est déchirée. Je relève un peu ma manche, du sang coule un peu sur mon poignet. Je dois être touché par un éclat. Mon bras est engourdi, mais je n'ai pas mal. Ça n'est rien sûrement… Mais je suis toujours perdu et j'ai peur. Si je vais vers les lignes allemandes ?… Je suis complètement perdu !…

Alors, pris d'effroi, je me mets à crier à tue-tête :

qui doit être son ordonnance. Je ressors. Le grand nègre me suit. Dans le boyau le grand nègre me suit encore.

« Je connais le chemin, tu peux t'en retourner » lui dis-je.

« Ti donnerai bon chocolat ! »

me dit-il tout près de moi et je vois ses grands yeux qui brillent... J'ai peur de comprendre ce qu'il veut de moi...

D'un bond, je saute le parapet. Je suis sur la plaine. Des balles de mitrailleuses sifflent...

Le nègre ne m'a pas suivi, je cours, ah ! le cochon !...

Où suis-je ? J'ai parcouru en courant, peut-être cent mètres. Je suis perdu. Pourtant je me souviens bien que notre sape est indiquée par un bâton surmonté d'un casque de tranchée boche. Je regarde tout autour de moi, mais il fait très nuit et je ne vois pas grand'chose. Je marche encore un peu. Je ne retrouve pas la sape. Je commence à avoir un peu peur. Je cherche encore... Je tombe dans un trou... Il y a des cadavres partout et je marche dessus, c'est horrible !

Un éclatement tout près de moi. Je reste debout je ne sais pas pourquoi... un choc sur mon bras gauche comme un coup de bâton... je tâte, ma capote est déchirée. Je relève un peu ma manche, du sang coule un peu sur mon poignet. Je dois être touché par un éclat. Mon bras est engourdi, mais je n'ai pas mal. Ça n'est rien sûrement... mais je suis toujours perdu et j'ai peur. Si je vais vers les lignes allemandes ?... Je suis complètement perdu !...

Alors, pris d'effroi je me mets à crier à tue-tête :

Le boche au brassard est mort...
des brancardiers sont venus le chercher
La Malmaison – Oct 1917.

« Eh ! les gars, Dupré est là, Dupré est là ! Je suis là ! Où êtes-vous, bon Dieu ! »

… Une ombre sort de la terre :

« Qui c'est qui gueule comme ça ? T'es pas un peu dingue ? »…

C'est un de mes chasseurs qui vient de sortir de la sape… j'étais auprès et me croyais perdu !

Je m'engloutis dans le trou et sans dire un mot, m'endors !…

25 octobre 1917. Le Boche au brassard de la Croix-Rouge est mort. Des brancardiers sont venus le chercher. Les deux autres sont toujours là. On leur a donné à manger. Ils ne disent pas un mot. Ils sont très jeunes et paraissent complètement abrutis.

J'ai ramassé un ruban de Croix de fer et une belle patte d'épaule boche avec l'insigne du 4e régiment de la reine Augusta. C'est un régiment de la garde que nous avions devant nous. J'ai ramassé encore un masque allemand contre les gaz et un carnet de pécule. J'ai trouvé un beau gobelet tout en nickel avec du chocolat dedans. J'ai bu le chocolat et j'ai gardé le gobelet qui porte aussi la couronne de la reine Augusta.

Nous avons eu beaucoup de pertes. Le terrain est recouvert de cadavres. Il y en a un dans chaque trou d'obus. Il y a beaucoup de cadavres allemands aussi. Près du fort de la Malmaison, il y a dans une tranchée cinq mitrailleurs boches tués près de leurs mitrailleuses. Ils sont attachés à leur mitrailleuse par une chaîne, probablement pour les empêcher de se sauver et les obliger à se faire tuer à leur poste. Quelle barbarie !

« Eh ! les gars, Dupré est là, Dupré est là ! Je suis là ! où êtes-vous, bon dieu ! »

..... une ombre sort de la terre :

« Qui c'est qui gueule comme ça ! t'es pas un peu dingue ? » ....

C'est un de mes chasseurs qui vient de sortir de la sape .. j'étais auprès et me croyais perdu !

Je m'engloutis dans le trou et sans dire un mot, m'endors ! ....

25 octobre 1917. Le boche au brassard de la Croix-Rouge est mort. Des brancardiers sont venus le chercher. Les deux autres sont toujours là. On leur a donné à manger. Ils ne disent pas un mot. Ils sont très jeunes et paraissent complètement abrutis.

J'ai ramassé un ruban de Croix de Fer et une belle patte d'épaule boche avec l'insigne du 4ème Régiment de la Reine Augusta. C'est un régiment de la Garde que nous avions devant nous. J'ai ramassé encore un masque allemand contre les gaz et un carnet de pécule. J'ai trouvé un beau gobelet tout en nickel avec du chocolat dedans. J'ai bu le chocolat et j'ai gardé le gobelet qui porte aussi la couronne de la Reine Augusta.

Nous avons eu beaucoup de pertes. Le terrain est recouvert de cadavres. Il y en a un dans chaque trou d'obus. Il y a beaucoup de cadavres allemands aussi. Près du Fort de la Malmaison il y a dans une tranchée cinq mitrailleurs boches tués près de leur mitrailleuses. Ils sont attachés à leur mitrailleuse par une chaîne, probablement pour les empêcher de se sauver et les obliger à se faire tuer à leur poste. Quelle barbarie !

Près du ravin qui mène au village de Chavignon que nous occupons, les Boches avaient toute une section de mitrailleuses bien dissimulée derrière des troncs d'arbres, ce qui leur a permis de faucher les fantassins qui étaient devant nous. Beaucoup de prisonniers boches passent pour se diriger vers l'arrière, les bras en l'air et au pas de gymnastique.

26 octobre 1917. Nous sommes relevés et nous repartons tout à l'heure vers l'échelon. Nous sommes six sur dix-neuf à partir. Il y a neuf tués et quatre blessés rien que dans notre petite équipe.

Nous nous dirigeons vers l'arrière. Nous sommes lamentables à voir, sales, boueux, déchirés. Un avion boche passe à très faible altitude au-dessus de nous. Il ne nous mitraille pas. Les quatre chasseurs d'Afrique épaulent leur mousqueton et font feu dans sa direction. Je tire mes six coups de mon revolver à mon tour vers l'avion boche, mais il n'a pas l'air de s'en apercevoir. Nous marchons toujours. Les brancardiers relèvent maintenant les morts. Les Boches en font autant. Il faut tout de même un moment de répit ! Pas un éclatement.

30 octobre 1917. Je suis de retour à la batterie où j'ai repris mon poste. J'apprends du nouveau : le commandant Frochot, le lieutenant Daelman, le sous-lieutenant Letroadec, le major Desmars, le vieil aumônier Le Texier et quinze hommes sont évacués, gravement intoxiqués par les gaz que les Boches ont lancés sur la batterie pendant l'attaque. Tous les camarades de ma pièce sont là. Mes téléphonistes jouent aux cartes et me souhaitent le bonjour. Je m'assieds avec eux et nous causons.

Le capitaine m'appelle, j'y vais... Soudain une détonation /...

près du ravin qui mène au village de Chavignon que nous occupons, les Boches avaient toute une section de mitrailleuses bien dissimulée derrière des troncs d'arbres, ce qui leur a permis de faucher les fantassins qui étaient devant nous. Beaucoup de prisonniers boches passent pour se diriger vers l'arrière, les bras en l'air et au pas de gymnastique.

26 octobre 1917. Nous sommes relevés et nous repartons tout à l'heure vers l'échelon. Nous sommes six sur dix neuf à partir. Il y a neuf tués et quatre blessés, rien que dans notre petite équipe.

Nous nous dirigeons vers l'arrière. Nous sommes lamentables à voir, sales, boueux, déchirés. Un avion boche passe à très faible altitude au dessus de nous. Il ne nous mitraille pas. Les quatre chasseurs d'Afrique épaulent leur mousqueton et font feu dans sa direction. Je tire mes six coups de mon revolver à mon tour vers l'avion boche, mais il n'a pas l'air de s'en apercevoir. Nous marchons toujours. Les brancardiers relèvent maintenant les morts. Les boches en font autant. Il faut tout de même un moment de répit ! Pas un éclatement.

30 octobre 1917. Je suis de retour à la batterie où j'ai repris mon poste. J'apprends du nouveau : Le Commandant Frochot, le lieutenant Dadman, le sous-lieutenant Letroadec, le Major Desmars, le vieil aumônier Le Texier et quinze hommes sont évacués gravement intoxiqués par les gaz que les boches ont lancé sur la batterie pendant l'attaque. Tous les camarades de ma pièce sont là. Mes téléphonistes jouent aux cartes et me souhaitent le bonjour. Je m'assieds avec eux et nous causons. Le Capitaine m'appelle, j'y vais... Soudain une détonation

Cinq rescapés.
La Malmaison Oct 1917.

terrible… instinctivement on s'aplatit par terre, puis relevés nous accourons vers l'endroit où a éclaté l'obus : juste sur l'abri des téléphonistes qui jouaient aux cartes. Le pauvre petit Lecreff qui m'avait prêté son tronc d'arbre pour m'asseoir tout à l'heure est en morceaux dans un arbre à quinze mètres de là. Les restes de son corps pendent, déchiquetés sur les branches… c'est affreux à voir. Il n'y a que lui de touché.

C'est un bien triste retour à la batterie.

31 octobre 1917. Je suis décoré de la Croix de guerre avec une citation à l'ordre de la division marocaine : « Pour s'être admirablement acquitté de sa mission qui consistait à établir la liaison entre un bataillon d'infanterie coloniale et une batterie d'artillerie de campagne, sous un terrible bombardement ennemi. A fait preuve en cette circonstance de beaucoup de courage et de sang-froid. »

4 novembre 1917. Nous partons.

8 novembre 1917. Nous avons changé de position trois fois. Il fait froid et il y a de la gelée blanche le matin.

9 novembre 1917. Nous sommes en position en haut d'un grand ravin, le ravin de Chantereine : quel beau nom ! Marécageux, saccagé et défoncé par les obus français pendant le recul allemand. Un énorme tank allemand est renversé dans le fond.

Nous avons un abri très solide et nous possédons comme sièges de très belles chaises en cuir repoussé, trouvées dans le village voisin.

Il vient de m'arriver un grand /…

terrible... instinctivement on s'aplatit par terre, puis relevés, nous accourons vers l'endroit où a éclaté l'obus : juste sur l'abri des téléphonistes qui jouaient aux cartes. Le pauvre petit Le Creff qui m'avait prêté son tronc d'arbre pour m'assoir tout à l'heure est en morceaux dans un arbre à quinze mètres de là. Les restes de son corps pendent déchiquetés sur les branches... C'est affreux à voir. Il n'y a que lui de touché.

C'est un bien triste retour à la batterie...

31 octobre 1917. Je suis décoré de la Croix de guerre avec une citation à l'ordre de la Division Marocaine : « Pour s'être admirablement acquitté de sa mission qui consistait à établir la liaison entre un Bataillon d'Infanterie Coloniale et une Batterie d'Artillerie de Campagne, sous un terrible bombardement ennemi. A fait preuve en cette circonstance de beaucoup de courage et de sang-froid. »

4 Novembre 1917. Nous partons.

8 Novembre 1917. Nous avons changé de position trois fois. Il fait froid et il y a de la gelée blanche le matin.

9 Novembre 1917. Nous sommes en position en haut d'un grand ravin : le ravin de Chantereine, quel beau nom ! Marécageux, saccagé et défoncé par les obus français pendant le recul allemand. Un énorme tank allemand est renversé dans le fond.

Nous avons un abri très solide et nous possédons comme sièges de très belles chaises en cuir repoussé, trouvées dans le village voisin.

Il vient de m'arriver un grand

malheur : mes bottes sont mortes ! C'est la faute aux Boches. Heureusement que je ne les avais pas aux pieds. Une énorme « marmite » boche a éclaté sur notre gourbi et mes bottes qui séchaient dessus ont été lacérées. Tout le dessus de la botte gauche a disparu, la droite n'a plus de semelle. J'ai coupé les tiges et cela me fera encore une paire de très bonnes fausses bottes !

Je viens de recevoir une lettre de monsieur Sinoir, mon professeur de première au lycée de Laval. Elle me dit : « Mon cher Antoine, vous ne sauriez croire quel plaisir me cause votre Croix de guerre. Votre belle conduite ne me surprend pas : je connais la générosité de vos sentiments, l'ardeur de votre patriotisme et votre bravoure. Tant de belles qualités n'attendaient que l'occasion de se montrer au grand jour : vous avez fait vos preuves. Vous ajoutez à toutes nos gloires, nous sommes fiers de vous. Recevez mes plus chaleureux compliments. Avec des soldats tels que vous, la France sortira victorieuse de cette lutte interminable. Et maintenant, je vous remercie de penser encore à moi, au milieu de tant de dangers, de fatigues, de péripéties de toutes sortes. Votre affection m'honore tout autant qu'elle me touche. Je souhaiterais avoir un peu plus souvent de vos nouvelles, surtout dans ces jours où je vous sais engagé dans la bataille. Quelles émotions ravissantes vous devez éprouver à culbuter les Boches, à les poursuivre, à leur arracher par lambeaux cette chère terre de France souillée et meurtrie par eux !

» Que Dieu vous protège, lui qui est le Maître suprême de la vie et de la mort, quoique vous le connaissiez à peine, hélas ! »

16 novembre 1917. Je pense aujourd'hui /...

malheur : mes bottes sont mortes ! C'est la faute aux boches. Heureusement que je ne les avais pas aux pieds. Une énorme "marmite" boche a éclaté sur notre gourbi et mes bottes qui séchaient dessus ont été lacérées. Tout le dessus de la botte gauche a disparu, la droite n'a plus de semelle. J'ai coupé les tiges et cela me fera encore une paire de très bonnes fausses bottes !

Je viens de recevoir une lettre de Monsieur Sinoir, mon professeur de première au lycée de Laval. Elle me dit : « Mon cher Antoine, vous ne sauriez croire « quel plaisir me cause votre Croix de Guerre. Votre belle con-« duite ne me surprend pas : je connais la générosité de vos « sentiments, l'ardeur de votre patriotisme et votre bra-« voure. Tant de belles qualités n'attendaient que l'occa-« sion de se montrer au grand jour : vous avez fait vos preu-« ves. Vous ajoutez à toutes nos gloires, nous sommes fiers « de vous. Recevez mes plus chaleureux compliments. Avec « des soldats tels que vous, la France sortira victorieuse de « cette lutte interminable. Et maintenant, je vous remercie « de penser encore à moi, au milieu de tant de dangers, « de fatigues, de péripéties de toutes sortes. Votre affection « m'honore autant qu'elle me touche. Je souhaiterais d'avoir « un peu plus souvent de vos nouvelles, surtout dans ces jours « où je vous sais engagé dans la bataille. Quelles émo-« tions ravissantes vous devez éprouver à culbuter les boches, « à les poursuivre, à leur arracher par lambeaux cette « chère terre de France souillée et meurtrie par eux !

« Que Dieu vous protège, lui qui est le Maître « suprême de la vie et de la Mort, quoique vous le « connaissiez à peine, hélas ! »

16 Novembre 1917. Je pense aujourd'hui

que c'est l'anniversaire de mon père. Je lui écris de suite la lettre que voici : « Mon cher papa, aujourd'hui, c'est ton anniversaire. Cette lettre t'arrivera donc un peu en retard. Mais elle t'apportera tout de même tous mes vœux de bonheur et de bonne santé. Je souhaite vous revoir bientôt. Je sais quel souci ce doit être pour vous deux de me savoir au danger. C'est pour cela que je souhaite de tout cœur d'être parmi vous bientôt. Savez-vous quelle a été ma plus grande joie quand j'ai été cité ? Cela a été de penser : papa sera content ! Je n'ai pas peur de la mort. Pourquoi ? S'il fallait y penser ! »

17 novembre 1917. Ma permission approche. Je vais avoir douze jours au lieu de dix. Deux jours de plus pour ma citation.

21 novembre 1917. Nous allons vers l'arrière.

Nous sommes à Villers-Cotterêts.

22 novembre 1917. Nous sommes à Soissons encore une fois.

23 novembre 1917. Et maintenant près de La Ferté-Milon, dans l'Aisne, le pays de Racine.

Je viens de recevoir une lettre de mon frère qui me traite de « marteau ». Je lui ai souhaité son anniversaire un mois trop tôt, le vingt novembre au lieu du vingt-cinq décembre.

29 novembre 1917. Je dois partir en permission bientôt, peut-être le premier ou le deux décembre.

que c'est l'anniversaire de mon Père. Je lui écris de suite la lettre que voici : « Mon cher Papa, aujourd'hui « c'est ton anniversaire. Cette lettre t'arrivera donc un « peu en retard. Mais elle t'apportera tout de même, tous « mes vœux de bonheur et de bonne santé. Je vous souhaite vous revoir bientôt. Je sais quel souci ce doit être « pour vous deux de me savoir au danger. C'est pour cela « que je souhaite de tout cœur d'être parmi vous bien« tôt. Savez vous quelle a été ma plus grande joie « quand j'ai été cité ? Cela a été de penser : Papa sera « content ! » Je n'ai pas peur de la Mort. Pourquoi ? S'il « fallait y penser !

17 Novembre 1917. Ma permission approche. Je vais avoir douze jours au lieu de dix. Deux jours de plus pour ma citation.

21 Novembre 1917. Nous allons vers l'arrière.

Nous sommes à Villers-Cotteret.

22 Novembre 1917. Nous sommes à Soissons encore une fois.

23 Novembre 1917. Et maintenant près de la Ferté-Milon dans l'Aisne, le pays de Racine.

Je viens de recevoir une lettre de mon frère qui me traite de « marteau » Je lui ai souhaité son anniversaire un mois trop tôt, le vingt Novembre au lieu du vingt cinq décembre.

29 Novembre 1917. Je dois partir en permission bientôt, peut être le premier ou le deux décembre.

2 décembre 1917. Je pars en permission. Le lieutenant Le Blanc vient de me remettre ma Croix de guerre devant les hommes de la batterie. Petite cérémonie intime. J'aime mieux cela qu'une grande revue. Il m'a serré la main et m'a dit :

« C'est bien, Dupré, continuez ! »

J'ai payé à boire aux copains. Mauriac m'a dit :

« Té, Dupré. Je te prête ma veste neuve pour aller en permission et mes bandes molletières et puis aussi on t'a payé les copains et moi une belle Croix de guerre, plus belle que celle du régimeng ! Tu tombérrras touté lé poules ! »

2 Décembre 1917. Je pars en permission. Le lieutenant Le Blanc vient de me remettre ma Croix de Guerre devant les hommes de la batterie. Petite cérémonie intime. J'aime mieux cela qu'une grande Revue. Il m'a serré la main et m'a dit :

« C'est bien, Dupré, continuez »

J'ai payé à boire aux copains.

Mauriac m'a dit :

« Té, Dupré. Je te prête ma veste neuve pour aller en permission et mes bandes molletières et puis aussi on t'a payé les copaings et moi une belle Croix de Guerre, plus belle que celle du régimeng ! Tu tomberras touté lé poules ! »

Le secteur calme de Vauxaillon et Coucy.

16 décembre 1917. Retour de permission et ce qu'il y a d'épatant pour me chasser le cafard c'est que nous remontons en position ce soir. Et on recommence ! Je ne suis pas très gai. Ah ! ce n'est pas très folichon de rentrer de permission. Heureusement que les copains sont là !

« Quelle bouillotte il fait, celui-là ! » dit Mauriac.

18 décembre 1917. Il tombe de la neige et les chevaux glissent. Demain nous serons en position et on recommencera à tirer. Nous venons d'apprendre l'armistice russo-allemand. À quand notre tour ?

20 décembre 1917. J'ai touché comme /...

Un avion allemand tombe en flammes....

Le secteur calme de Vauxaillon et Coucy.

16 Décembre 1917. Retour de permission et ce qu'il y a d'épatant pour me chasser le cafard c'est que nous remontons en position ce soir. Et on recommence ! Je ne suis pas très gai. Ah ! ce n'est pas très folichon de rentrer de permission. Heureusement que les copains sont là.

« quelle bouillotte, il fait celui là ! » dit Mauriac.

18 Décembre 1917. Il tombe de la neige et les chevaux glissent. Demain nous serons en position et on recommencera à tirer. Nous venons d'apprendre l'armistice Russo-allemand. A quand notre tour ?

20 Décembre 1917. J'ai touché comme

agent de liaison des bottes en caoutchouc. C'est très bien. Je suis monté en ligne ce matin au poste d'observation. Tout est calme. Le capitaine Chalumeau m'a dit qu'il me désignerait bientôt pour aller suivre un cours d'officiers à Fontainebleau. J'ai refusé. Le capitaine s'est fâché.

« Vous avez déjà refusé une fois. C'est bien. Mais maintenant, je vous désigne, vous êtes apte à faire un officier. »

Non, je ne veux pas quitter mes camarades. Je suis bien comme je suis. Ah ! là là ! Quelle barbe ! Je lui en veux au capitaine. Je ne veux pas quitter la batterie. Alors, si je vais à Fontainebleau et que je suis officier je changerai de régiment ? Ah ! non. J'ai le cafard. Ça va très mal.

22 décembre 1917. Nous sommes en position à Vauxaillon près d'Anizy-le-Château, dans l'Aisne. On voit des combats d'avions toute la journée et les Boches tirent avec des canons à longue portée sur nos « saucisses ». Ils ont réussi à couper le câble qui retenait une de nos « saucisses ». Le ballon est parti très vite en hauteur et on n'a pas vu l'observateur descendre en parachute. Il n'a pas eu le temps. Un autre s'est jeté en parachute après l'incendie par un avion boche de la « saucisse ». Mais le Boche l'a poursuivi lorsqu'il descendait doucement en parachute et l'a mitraillé tout le temps. Quel lâche ! Et le pauvre parachutiste remuait des pieds et des bras pour descendre plus vite.

24-25 décembre 1917. Nuit de Noël. Je suis seul. Mes servants sont partis un peu plus loin dans un autre gourbi où l'aumônier dit la messe de minuit. Je suis seul, il faut rester là… si les Boches attaquaient,

agent de liaison des bottes en caoutchouc. C'est très bien. Je suis monté en ligne ce matin au poste d'observation. Tout est calme. Le Capitaine Chalumeau m'a dit qu'il me désignerait bientôt pour aller suivre un Cours d'officiers à Fontainebleau. J'ai refusé. Le Capitaine s'est fâché.

« Vous avez déjà refusé une fois. C'est bien. Mais maintenant je vous désigne, vous êtes apte à faire un officier. »

Non, je ne veux pas quitter mes camarades. Je suis bien comme je suis. Ah ! là là ! quelle barbe ! Je lui en veux au Capitaine. Je ne veux pas quitter la Batterie. Alors, si je vais à Fontainebleau et je suis officier je changerais de régiment ? Ah ! non. J'ai le Cafard. Ça va très mal.

22 Décembre 1917. Nous sommes en position à Vauxaillon près d'Anizy le Château, dans l'Aisne. On voit des combats d'avions toute la journée et les boches tirent avec des canons à longue portée sur nos "saucisses" Ils ont réussi à couper le cable qui retenait une de nos "saucisses". Le ballon est parti très vite en hauteur et on n'a pas vu l'observateur descendre en parachute. Il n'a pas eu le temps. Un autre s'est jeté en parachute après l'incendie par un avion boche de la "saucisse" Mais le boche l'a poursuivi lorsqu'il descendait doucement en parachute et l'a mitraillé tout le temps. Quel lâche ! et le pauvre parachutiste remuait des pieds et des bras pour descendre plus vite.

24-25 Décembre 1917. Nuit de Noël. Je suis seul. Mes servants sont partis un peu plus loin dans un autre gourbi où l'Aumônier dit la messe de minuit. Je suis seul, il faut rester là.. si les boches attaquaient,

Papa. Déc. 17

qui déclencherait le tir de barrage ? Il faut bien qu'il en reste un près du canon.

26 décembre 1917. Je viens de recevoir un colis de mes parents contenant des marrons glacés et une bouteille de fine champagne. La bouteille est finie maintenant, déjà liquidée ! Demain, quand j'irai au poste d'observation je la foutrai par-dessus le parapet comme une grenade pour que les Boches voient que nous nous soignons bien !

28 décembre 1917. Nous ne foutons rien. C'est pas comme ça qu'on va mettre les Boches dehors. Ici on gèle, on tape des pieds, on a la goutte au nez. Quel truc !

29 décembre 1917. Il fait froid. Il est interdit de prendre des rondins dans les vieux gourbis abandonnés pour faire du feu. Les camarades ont été en voler hier soir et on va les découper en petits bouts. Être obligé de voler pour se réchauffer, c'est terrible tout de même !

31 décembre 1917. Il fait très froid.

1918. 1er janvier. C'est le premier janvier. J'apprends par une lettre de mes parents que les Parisiens patinent au bois de Boulogne. Nous, nous avons le cul dans la neige ! Nous avons mangé un bout de jambon comme supplément et nous avons eu une bouteille de champagne pour quatre.

4 janvier 1918. Il fait extrêmement froid.

8 janvier 1918. Il tombe de la neige. /...

qui déclancherait le tir de barrage ? Il faut bien qu'il en reste un près du canon.

26 Décembre 1917. Je viens de recevoir un colis de mes parents contenant des marrons glacés et une bouteille de Fine-champagne. La bouteille est finie maintenant, déjà liquidée ! Demain quand j'irai au poste d'observation je la foutrai par dessus le parapet comme une grenade pour que les Boches voient que nous nous soignons bien !

28 Décembre 1917. Nous ne foutons rien. C'est pas comme ça qu'on va mettre les boches dehors. Ici on gèle, on tape des pieds, on a la goutte au nez. quel truc !

29 Décembre 1917. Il fait froid. Il est interdit de prendre des rondins dans les vieux gourbis abandonnés pour faire du feu. Les camarades ont été en voler hier soir et on va les découper en petits bouts. Etre obligé de voler pour se chauffer, c'est terrible tout de même.

31 Décembre 1917- Il fait très froid.-

1918. 1er Janvier- C'est le premier Janvier. J'apprends par une lettre de mes parents que les Parisiens patinent au Bois de Boulogne. Nous, nous avons le cul dans la neige ! Nous avons mangé un bout de jambon comme supplément et nous avons eu une bouteille de champagne pour quatre.

4 Janvier 1918. Il fait extrêmement froid.

8 Janvier 1918. Il tombe de la neige.

Il y en a dix centimètres devant la porte des gourbis.

En ce moment cuit sur la poêle un superbe civet de lièvre. J'ai un braconnier dans ma pièce, chasseur émérite dans le civil, nous dit-il. Ce matin il nous a apporté un magnifique lièvre de sept livres. Il mijote à petit feu avec un litre de vin rouge, des oignons, du thym, laurier, etc., toutes ces épices chapardées à la cuisine des officiers. Je viens de recevoir un colis de petits pois. Il nous faudra un pigeon ramier un de ces jours.

13 janvier 1918. J'ai reçu un colis d'une dame de Nogent-le-Rotrou contenant des bonbons, un petit hussard en carton bouilli, une montre de gosse et une petite trompette. Je n'ai pas compris l'ironie. On a accroché le hussard à un bougeoir et cela nous a amusés un moment. Il faut peu de choses pour nous amuser. La guerre a rendu les hommes de grands gosses et les gosses des hommes.

31 janvier 1918. Depuis le 13 janvier, rien à signaler. Le secteur est très calme. Il pleut maintenant. Nous avons tous le cafard et nous aspirons tous à rentrer chez nous. On passe le temps à faire la chasse aux rats et aux souris, à lire et à écrire ou à piocher. Tout est morne et triste. Quelques obus de temps en temps, de la boue, de la pluie et de l'ennui. Quand donc cela finira-t-il ?

On vient de m'apprendre que je dois descendre demain à Billy-sur-Aisne, près de Soissons, suivre un cours de chef de section. Je vais donc passer vingt-cinq jours à l'arrière.

1er février 1918. Je suis à Billy-sur-Aisne dans un baraquement bien propre et chauffé.

Il y en a dix centimètres devant la porte des gourbis.

En ce moment cuit sur le poêle un superbe civet de lièvre. J'ai un braconnier dans ma pièce, chasseur émérite dans le civil nous dit-il. Ce matin il nous a apporté un magnifique lièvre de sept livres. Il mijote à petit feu avec un litre de vin rouge, des oignons du thym, laurier etc... tous ces épices chapardés à la cuisine des officiers. Je viens de recevoir un colis de petits pois. Il nous faudra un pigeon ramier un de ces jours.

13 Janvier 1918. J'ai reçu un colis d'une dame de Nogent-le-Rotrou contenant des bonbons, un petit hussard en carton bouilli, une montre de gosse et une petite trompette. Je n'ai pas compris l'ironie. On a accroché le hussard à un bougeoir et cela nous a amusé un moment. Il faut peu de chose pour nous amuser. La guerre a rendu les hommes de grands gosses et les gosses des hommes.

31 Janvier 1918. Depuis le 13 Janvier, rien à signaler. Le secteur est très calme. Il pleut maintenant. Nous avons tous le cafard et nous aspirons tous à rentrer chez nous. On passe le temps à faire la chasse aux rats et aux souris, à lire et à écrire ou à piocher. Tout est morne et triste. Quelques obus de temps en temps, de la boue, de la pluie et de l'ennui. Quand donc cela finira-t-il?

On vient de m'apprendre que je dois descendre demain à Billy sur Aisne près de Soissons, suivre un cours de Chef de Section. Je vais donc passer vingt cinq jours à l'arrière.

1er Février 1918. Je suis à Billy sur Aisne dans un baraquement bien propre et chauffé.

3 février 1918. Je suis allé me promener à Soissons. J'ai acheté un beau képi de onze francs. Il y a aussi de belles vareuses, mais je n'ai pas assez d'argent.

5 février 1918. Mon frère est parti en mission au Maroc. Je reçois de lui une carte de Madrid et une lettre de monsieur Sinoir qui dit :

« Les jours et les nuits doivent vous paraître d'une longueur interminable dans ce calme énigmatique qui règne tout le long du front. Entre nous, je crois que les Boches ont plus qu'assez de la guerre et que s'ils ne font pas leur fameuse offensive, c'est qu'ils en ont encore plus peur que nous. Ils se vengent en massacrant des innocents à Paris ou à Londres, ce qui ne sert à rien qu'à augmenter l'exécration dont ils sont l'objet. Au fond, ils sont bien malades. Le socialisme les mine comme il a miné la Russie et cela pourrait bien avant peu leur jouer le plus mauvais tour que nous puissions leur souhaiter. Puisse alors la leçon n'être pas perdue pour nous autres ! Jusqu'à présent, malgré quelques petites anicroches, il faut admirer la tenue morale du peuple français tout entier en face de ces tragiques événements. La nation fait bloc contre ses agresseurs avec une confiance merveilleuse et qui doit singulièrement les déconcerter. Si nous tenons encore ainsi pendant six mois, je crois bien que nous aurons gagné la guerre. »

7 février 1918. Il y a beaucoup d'Américains ici. Je leur ai chipé un rouleau de papier hygiénique, ils en ont tous ! Ils ont aussi des /...

3 Février 1918. Je suis allé me promener à Soissons. J'ai acheté un beau képi de onze francs. Il y a aussi de belles vareuses, mais je n'ai pas assez d'argent.

5 Février 1918. Mon frère est parti en mission au Maroc. Je reçois de lui une carte de Madrid et une lettre de Monsieur Sinoir qui dit :

« Les jours et les nuits doivent vous « paraître d'une longueur interminable dans ce calme « énigmatique qui règne tout le long du front. Entre « nous, je crois que les boches ont plus qu'assez de la guer- « re et que s'ils ne font pas leur fameuse offensive, c'est « qu'ils en ont encore plus peur que nous. Ils se vengent « en massacrant des innocents à Paris ou à Londres, « ce qui ne sert à rien qu'à augmenter l'exécration « dont ils sont l'objet. Au fond, ils sont bien malades. « Le Socialisme les mine comme il a miné la Russie et « cela pourrait bien avant peu leur jouer le plus mau- « vais tour que nous puissions leur souhaiter. Puisse alors « la leçon n'être pas perdue pour nous autres ! Jusqu'à « présent, malgré quelques petites anicroches, il faut ad- « mirer la tenue morale du peuple Français tout en- « tier en face de ces tragiques événements. La Nation « fait bloc contre ses agresseurs avec une confiance « merveilleuse et qui doit singulièrement les décon- « certer. Si nous tenons encore ainsi pendant six mois, « je crois bien que nous aurons gagné la guerre. »

7 Février 1918. Il y a beaucoup d'américains ici. Je leur ai chipé un rouleau de papier hygiénique, ils en ont tous ! Ils ont aussi des

autos, des side-cars, mais de mauvais chevaux. Ils feront de bons soldats, mais on voit qu'ils n'ont pas encore l'habitude. Ils ont une haine féroce contre les Anglais. Ils disent que les Anglais se « débinent » toujours et ils voudront mieux faire que les Anglais par jalousie.

17 février 1918. Nous avons été nous promener à cheval à Soissons et nous avons vu un combat d'avions formidable. L'avion boche après un quart d'heure de lutte est tombé. Aussitôt, au galop, nous sommes allés voir. Il y avait à l'endroit où l'avion était tombé un épouvantable mélange de bois, de toile et d'acier tordu. Dix mètres plus loin, deux cadavres : un lieutenant aviateur boche et un adjudant qui ne semblaient rien avoir, mais ils étaient tous les deux côte à côte sur le dos, les bras en croix. Quand on a déplacé leurs cadavres pour les poser sur des civières, le dessin de leur corps était marqué dans l'herbe à une profondeur de trois ou quatre centimètres. Quelle chute !

19 février 1918. Les Américains sont tous ivrognes et ont beaucoup d'argent.

25 février 1918. Le cours est fini. Je suis retourné à l'échelon et je vais remonter là-haut demain.

26 février 1918. J'ai retrouvé mes camarades et je reprends la vie monotone de ce secteur si calme. Nous avons abandonné la position de Vauxaillon et nous sommes un peu plus en arrière.

27 février 1918. Nous avons touché des masques à gaz, exactement le modèle allemand : « museau de cochon ».

autos, des side-cars, mais de mauvais chevaux. Ils feront de bons soldats, mais on voit qu'ils n'ont pas encore l'habitude. Ils ont une haine féroce contre les Anglais. Ils disent que les Anglais se "débinent" toujours et ils voudront mieux faire que les Anglais par jalousie.

17 Février 1918. Nous avons été nous promener à cheval à Soissons et nous avons vu un combat d'avions formidable. L'avion boche après un quart d'heure de lutte est tombé. Aussitôt, au galop, nous sommes allés voir. Il y avait à l'endroit où l'avion était tombé un épouvantable mélange de bois, de toile et d'acier tordu. Dix mètres plus loin, deux cadavres : un lieutenant aviateur boche et un adjudant qui ne semblaient rien avoir, mais ils étaient tous les deux côte à côte sur le dos, les bras en croix. Quand on a déplacé leurs cadavres pour les poser sur des civières, le dessin de leur corps était marqué dans l'herbe à une profondeur de trois ou quatre centimètres. Quelle chute !

19 Février 1918. Les Américains sont tous ivrognes et ont beaucoup d'argent.

25 Février 1918. Le cours est fini. Je suis retourné à l'échelon et je vais remonter là-haut demain.

26 Février 1918. J'ai retrouvé mes camarades et je reprends la vie monotone de ce secteur si calme. Nous avons abandonné la position de Vauxaillon et nous sommes un peu plus en arrière.

27 Février 1918. Nous avons touché des masques à gaz, exactement le modèle allemand : « museau de cochon ».

2 mars 1918. Il tombe de la neige en flocons serrés. Il y a beaucoup de combats aériens. Les Boches ont l'air d'avoir le dessus.

Je cause anglais quelquefois avec des Américains qui sont en batterie pas très loin de nous. Je leur ai acheté une belle paire de chaussures jaunes pour dix francs.

3 mars 1918.. Nous sommes relevés brusquement, et nous partons ce soir vers l'arrière.

15 mars 1918. Après de nombreuses étapes, nous voici arrivés à vingt kilomètres de Coutevroult où nous étions en février 1917. Nous sommes cantonnés dans un grand château abandonné.

19 mars 1918. Nous sommes maintenant à Mitry-Mory en Seine-et-Marne à vingt-quatre kilomètres de Paris. Pourquoi ? Nous ne savons rien.

20 mars 1918. Nous repartons pour le front. Quelle promenade !

2 Mars 1918. Il tombe de la neige en flocons serrés. Il y a beaucoup de combats aériens. Les boches ont l'air d'avoir le dessus.

Je cause anglais quelquefois avec des américains qui sont en batterie pas très loin de nous. Je leur ai acheté une belle paire de chaussures jaunes pour dix francs.

3 Mars 1918. Nous sommes relevés brusquement, et nous partons ce soir vers l'arrière.

15 Mars 1918. après de nombreuses étapes, nous voici arrivés à vingt kilomètres de Coutevroult où nous étions en Février 1917. Nous sommes cantonnés dans un grand château abandonné.

19 mars 1918. Nous sommes maintenant à Mitry-Mory en Seine et Marne à vingt quatre kilomètres de Paris. Pourquoi ? Nous ne savons rien.

20 Mars 1918. Nous repartons pour le Front. quelle promenade !

Au revoir Mauriac !
Au revoir les copains !
La peur.

29 mars 1918. Je pars à Fontainebleau comme élève officier. Il n'y a rien à faire, il faut que je parte, c'est un ordre. Je suis navré. Il faut que je quitte le régiment et les copains. Pourquoi ? Reviendrai-je seulement au régiment ?

Nous sommes en ce moment cantonnés dans un petit patelin. Nous sommes encore assez loin du front car il y a des trains direction Paris. Nous sommes installés dans l'école publique des filles. Il y a encore quelques civils et une grande ambulance près de la gare avec une immense croix rouge sur fond blanc pour que les Boches ne tirent pas dessus.

... Sur la voie cette fois... on va être tué là .....

Au revoir Mauriac ! au revoir les copains !
La peur.

29 Mars 1918. Je pars à Fontainebleau comme élève-officier. Il n'y a rien à faire, il faut que je parte, c'est un ordre. Je suis navré. Il faut que je quitte le Régiment et les copains. Pourquoi ! Reviendrai-je seulement au Régiment ?

Nous sommes en ce moment cantonnés dans un petit patelin. Nous sommes encore assez loin du Front car il y a des trains direction Paris. Nous sommes installés dans l'école publique des filles. Il y a encore quelques civils et une grande ambulance près de la gare avec une immense croix rouge sur fond blanc pour que les boches ne tirent pas dessus.

Je dois partir à neuf heures ce soir. J'ai rangé mes affaires et fait mon paquetage. J'ai remis aussi mon petit cheval au brigadier Leray qui doit me succéder dans mes fonctions d'agent de liaison. C'est un gentil jeune homme des environs de Vannes.

Il est sept heures du soir maintenant. Les camarades jouent aux cartes. Nous avons bu quelques bouteilles de vin pour mon départ. Je cause avec Mauriac qui a les larmes aux yeux de me voir partir. J'ai bien envie de pleurer aussi. Pourquoi ne m'a-t-on pas laissé finir la guerre avec les camarades ?

Huit heures. Je fais mes derniers préparatifs. La gare n'est pas très loin, à un kilomètre environ. J'ai le temps.

Soudain un ronronnement sourd, bien connu, un bruit bien rythmé. Ce sont des avions. On se précipite dehors. En effet, on aperçoit vaguement six avions qui arrivent sur le village. Il fait sombre, mais il fait très beau et on distingue encore un peu. Ils ne sont pas haut. Ils vont passer bientôt au-dessus de nous. On se cache un peu le long des murs de l'école. Dame ! Si c'était des avions boches et qu'il leur prenne la fantaisie de nous lâcher des bombes en passant ! On ne sait jamais !...

Tout à coup, un sifflement qui déchire l'air :

« Une bombe, une bombe ! »

Une explosion formidable à plus de cinquante mètres de nous, derrière l'école.

« Tout le monde dans les caves, "chons nous !" "chons nous" », gueule le lieutenant Leblanc.

On se précipite dans la petite cave de l'institutrice. Je suis resté avec Mauriac en haut de /...

Je dois partir à neuf heures ce soir. J'ai rangé mes affaires et fait mon paquetage. J'ai remis aussi mon petit cheval au brigadier Leray qui doit me succéder dans mes fonctions d'agent de liaison. C'est un gentil jeune homme des environs de Vannes.

Il est sept heures du soir maintenant. Les camarades jouent aux cartes. Nous avons bu quelques bouteilles de vin pour mon départ. Je cause avec Mauriac qui a les larmes aux yeux de me voir partir. J'ai bien envie de pleurer aussi. Pourquoi ne m'a-t-on pas laissé finir la guerre avec les camarades?

Huit heures. Je fais mes derniers préparatifs. La gare n'est pas très loin, à un kilomètre environ. J'ai le temps.

Soudain un ronronnement sourd, bien connu, un bruit bien rythmé. Ce sont des avions. On se précipite dehors. En effet, on aperçoit vaguement six avions qui arrivent sur le village. Il fait sombre, mais il fait très beau et on distingue encore un peu. Ils ne sont pas haut. Ils vont passer bientôt au dessus de nous. On se cache un peu le long des murs de l'école. Dame! Si c'était des avions boches et qu'ils leur prennent fantaisie de nous lâcher des bombes en passant! On ne sait jamais! .....

Tout à coup, un sifflement qui déchire l'air:

« une bombe, une bombe! »

une explosion formidable à pas plus de cinquante mètres de nous, derrière l'école.

« Tout le monde dans les caves, "Cachons nous!" "cachons nous" » gueule le lieutenant Leblanc.

On se précipite dans la petite cave de l'institutrice. Je suis resté avec Mauriac en haut de l'escalier qui donne à l'extérieur. On entend très bien le bruit des moteurs. On dirait qu'ils reviennent… trois torpilles viennent d'éclater pas très loin, en cadence… nous descendons deux marches…

« Dis donc Dupré, et ton traing ? » me dit Mauriac.

Oui, je sais, il est maintenant huit heures et demie et je dois être à la gare à neuf heures. Je ne vais tout de même pas sortir avec ces sales Boches-là pour me faire tuer avant de partir !…

Une explosion suivie d'un bruit de mur qui s'écroule… on remonte les marches… le petit bâtiment en face de nous de l'autre côté de la cour est effondré par une torpille et il y a un nuage de poussière.

« La prochaine c'est pour nous », dit Mauriac.

C'est la première fois que je l'entends parler ainsi.

« As-tu peur, Mauriac ? »

« Oui, j'ai peur – pour toi, petit, fous le camp à la gare. Les Boches sont sur nous, tu as le temps de partir. »

Il a les larmes aux yeux, il pleure même. Pauvre vieux, je l'embrasse.

« Fous le camp, nom de Dieu ! Fous le camp et vite ! »

Je crie dans le fond de la cave :

« Au revoir les copains ! »

On me répond : « Au revoir, petit, bonne chance ! »…

… « Au revoir, Mauriac »…

l'escalier qui donne à l'extérieur. On entend très bien le bruit des moteurs, on dirait qu'ils reviennent. .... trois torpilles viennent d'éclater pas très loin, en cadence .. Nous descendons deux marches....

« Dis donc Dupré, et ton train ? » me dit Mauriac.
Oui, je sais, il est maintenant huit heures et demie et je dois être à la gare à neuf heures. Je ne vais tout de même pas sortir avec ces sales boches là pour me faire tuer avant de partir!......

Une explosion suivit d'un bruit de mur qui s'écroule... On remonte les marches... le petit bâtiment en face de nous de l'autre côté de la cour est effondré par une torpille et il y a un nuage de poussière.

« La prochaine c'est pour nous » dit Mauriac.

C'est la première fois que je l'entend parler ainsi.

« As-tu peur, Mauriac ? »

« Oui, j'ai peur - pour toi, Petit, fous le camp à la gare - les boches sont sur nous, tu as le temps de partir »

Il a les larmes aux yeux, il pleure même. Pauvre vieux, je l'embrasse.

« Fous le camp, nom de Dieu ! fous le camp et vite ! »

Je crie dans le fond de la cave :
« Au revoir les copains ! »
On me répond : « Au revoir, Petit, bonne chance ! » ...
..... « Au revoir, Mauriac » ......

… Je suis dehors. Je cours… deux bombes éclatent, mais assez loin. Je cours toujours… Je suis sur la route. Sur mon dos j'ai mon sac d'artilleur plein qui pèse. Deux musettes me tapent sur les reins, mon bidon me tape dans le dos, mon sabre frappe mes jambes, les courroies de mon revolver me serrent trop. J'ai chaud. Il y a deux grands trous de bombes dans un champ, près de la route, probablement les bombes de tout à l'heure. Je suis déjà à moitié chemin. J'ai couru vite. On n'entend plus rien. Tant mieux. Mauriac et les copains ne vont pas trinquer.

J'arrive à la gare. J'étouffe. Le train est là. Il y a sept permissionnaires qui attendent. Va-t-on partir bientôt ? On n'a pas le droit de monter encore dans le train. L'ambulance est éclairée et malgré la nuit on distingue très bien sur le toit plat et bas la grande croix rouge sur son fond blanc…

On dirait qu'on entend encore le ronronnement des avions allemands. On dirait qu'ils reviennent. On va dehors. Oui les voilà ! Ils sont peut-être à cent mètres de haut, pas plus, car on distingue leurs masses noires qui piquent vers la gare…

Six explosions, en cadence, à deux cents mètres peut-être… puis trois encore… puis encore deux. Cette fois c'est tout près. On les entend maintenant très bien au-dessus de nous…

Alors un effroi terrible s'empare de moi. Je me glisse avec deux autres hommes sous la porte en fer horizontale où l'on dépose les malles avant de les peser. Nous croyons être là à l'abri… un bruit terrible d'explosion et un fracas épouvantable de

. . . . Je suis dehors. Je cours .... deux bombes éclatent, mais assez loin. Je cours toujours... Je suis sur la route. Sur mon dos j'ai mon sac d'artilleur plein qui pèse. Deux musettes me tapent sur les reins. Mon bidon me tape dans le dos, mon sabre frappe mes jambes, les courroies de mon revolver me serrent trop. J'ai chaud. Il y a deux grands trous de bombes dans un champ, près de la route, probablement les bombes de tout à l'heure. Je suis déjà à moitié chemin. J'ai couru vite. On entend plus rien. Tant mieux. Mauriac et les copains ne vont pas trinquer.

J'arrive à la gare. J'étouffe. Le train est là. Il y a sept permissionnaires qui attendent. Va-t-on partir bientôt ? On a pas le droit de monter encore dans le train. L'ambulance est éclairée et malgré la nuit on distingue très bien sur le toit plat et bas la grande croix rouge sur son fond blanc...

On dirait qu'on entend encore le ronronnement des avions allemands. On dirait qu'ils reviennent. On va dehors. Oui les voilà ! Ils sont peut-être à cent mètres de haut, pas plus, car on distingue leurs masses noires qui piquent vers la gare .....

Six explosions, en cadence, à deux cents mètres, peut-être... puis trois encore .. puis encore deux. Cette fois c'est tout près. On les entend maintenant très bien au-dessus de nous...

Alors un effroi terrible s'empare de moi. Je me glisse avec deux autres hommes sous la porte en fer horizontale où l'on dépose les malles avant de les peser. Nous croyons être là à l'abri ...... un bruit terrible d'explosion et un fracas épouvantable de vitres brisées... une torpille est tombée sur la verrière de la gare, près du quai, à côté de nous. Nous recevons sur les jambes des cailloux, des bouts de bois, des morceaux de verre et quelle poussière !... J'ai peur et je tremble de tout mon corps. C'est la première fois que j'ai si peur... Si, une fois aussi, quand j'étais perdu et que je ne retrouvais pas ma sape. Mais c'est pire cette fois-ci. Je me souviens des bombardements, des attaques, des obus, des balles et des morts mais je n'avais pas peur ainsi... Il paraît que l'on a peur ainsi quand on va mourir... Je ne vais certainement pas partir. Je vais être tué là, dans une gare... par de sales torpilles... c'est terrible... mon Dieu que j'ai peur... tout repasse dans mon esprit, mes parents, mes copains, Mauriac... puis je vois toujours la grande croix rouge sur son carré blanc devant moi !... encore une ! Sur la voie cette fois. Des vitres tombent encore, des gros cailloux roulent vers nous... il va encore en tomber... sur la gare... sur nous... on va être écrabouillés là et où aller ? Traverser la route pour aller à l'ambulance ?... Sûrement on va être tués là et mon corps, tout à l'heure ne sera plus qu'un pauvre amas de chair informe comme les cadavres, là-bas.

Un pauvre civil âgé crie à tue-tête dans la gare :

« Il n'y a donc pas d'abri ici ? Il n'y a donc pas d'abri ! » et il sort en courbant le dos...

Je regarde autour de moi. Les deux /...

vitres brisées ... une torpille est tombée sur la verrière de la gare, près du quai, à côté de nous. Nous recevons sur les jambes des cailloux, des bouts de bois, des morceaux de verre et quelle poussière !...
J'ai peur et je tremble de tout mon corps. C'est la première fois que j'ai si peur ... si, une fois aussi, quand j'étais perdu et que je ne retrouvais pas ma sape. Mais c'est pire cette fois-ci. Je me souviens des bombardements, des attaques, des obus, des balles et des morts mais je n'avais pas peur ainsi .... il paraît que l'on a peur ainsi quand on va mourir ...... je ne vais certainement pas partir. Je vais être tué là, dans une gare ... par de sales torpilles ... c'est terrible ... mon Dieu que j'ai peur ... tout repasse dans mon esprit, mes parents, mes copains, Mauriac ... puis je vois toujours la grande croix rouge sur son carré blanc devant moi ! ... encore une ! sur la voie cette fois. Des vitres tombent encore, des gros cailloux roulent vers nous ... il va encore en tomber ... sur la gare ... sur nous ... on va être écrabouillé là et où aller ? Traverser la route pour aller à l'ambulance ! ..... sûrement on va être tué là et mon corps tout à l'heure ne sera plus qu'un pauvre amas de chair informe comme les cadavres, là-bas.

Un pauvre civil âgé, crie à tue-tête dans la gare :

« Il n'y a donc pas d'abri ici ? il n'y a donc pas d'abri ! » et il sort en courbant le dos....

Je regarde autour de moi. Les deux

fantassins près de moi ne bougent pas. Je leur parle. Ils ne répondent pas. J'en touche un à l'épaule.

« Alors quoi. Ça a l'air d'être fini, on s'en va ? »...

Sa tête s'affaisse... ils sont morts tous les deux... Il y a des éclats de verre partout, des pierres, de la ferraille... Je me relève. Je me tâte. Je titube. Pas un bruit. Je cours dehors. Plus rien, je respire...

Alors, on va partir maintenant ? Pourquoi ne part-on pas tout de suite ? Le train est endommagé, paraît-il. Quand partirons-nous ? Ils vont peut-être revenir ? C'est effrayant !...

....

Non, ils ne sont pas revenus et nous avons pris notre train à une heure du matin. Nous filons sur Paris. Tout le monde dort dans le wagon...

Je ne dors pas. Je regarde par la vitre embuée. Je ne vois rien, que la nuit, le noir terrifiant. Il me semble, avec le bruit du train, entendre encore les bombes...

fantassins près de moi ne bougent pas. Je leur parle. Ils ne répondent pas. J'en touche un à l'épaule :

« Alors quoi ! ça a l'air d'être fini, on s'en va ? » ....

Sa tête s'affaisse .... ils sont morts tous les deux .... Il y a des éclats de verre partout des pierres, de la ferraille ... Je me relève. Je me tâte. Je titube. Pas un bruit. Je cours dehors. Plus rien, je respire ...

Alors, on va partir maintenant ? Pourquoi ne part-on pas tout de suite ? Le train est endommagé, paraît-il. – Quand partirons nous ! Ils vont peut être revenir ? C'est effrayant ! ....

....

Non, ils ne sont pas revenus et nous avons pris notre train à une heure du matin. Nous filons sur Paris. Tout le monde dort dans le wagon ...

Je ne dors pas. Je regarde par la vitre embuée. Je ne vois rien, que la nuit, le noir terrifiant. Il me semble, avec le bruit du train, entendre encore les bombes ....

Tristesse.
Fontainebleau et Nemours.

31 mars 1918. Me voilà arrivé à Paris. Rien d'extraordinaire dans la capitale. Un trou d'obus près de la gare Montparnasse. Je ne m'arrête pas, j'en ai tant vu !

2 avril 1918. Me voici à Fontainebleau. C'est comme au quartier. Nous sommes vingt sous-officiers dans une chambrée. J'espère que je m'habituerai.

11 avril 1918. Je reçois une lettre du régiment de mon camarade Guybert qui m'annonce la mort du brigadier Leray qui m'a succédé comme agent de

Seul dans le jardin public de Landon je relis la lettre navrante de mon camarade Guybert.....

– TRISTESSE –

– FONTAINEBLEAU ET NEMOURS –

31 mars 1918. Me voilà arrivé à Paris. Rien d'extraordinaire dans la capitale. Un trou d'obus près de la gare Montparnasse. Je ne m'arrête pas, j'en ai tant vu !

2 avril 1918. Me voici à Fontainebleau. C'est comme au quartier. Nous sommes vingt sous-officiers dans une chambrée. J'espère que je m'habituerai.

11 avril 1918. Je reçois une lettre du Régiment de mon camarade Guybert qui m'annonce la mort du brigadier Leray qui m'a succédé comme agent de

liaison. Il a été tué en même temps que mon petit cheval. Destinée !

Je viens de rencontrer deux camarades de lycée ici, mon ami Gerre de la même classe que moi au lycée. Il est aspirant, blessé, Croix de guerre et était dans une batterie de « 37 » contre tanks, et mon camarade Chedeau de ma classe aussi, sous-lieutenant et instructeur ici à l'école !

12 avril 1918. Une nouvelle lettre de mon camarade Guybert du 10 avril. Je suis navré et j'ai beaucoup de chagrin : mon pointeur auxiliaire, un brave homme père de famille tué, un « ouvrier en fer » tué, le maréchal des logis chef, tué. Le conducteur de devant de ma pièce, blessé... Pendant qu'ils se battent là-bas, moi je suis tranquille ici. Je voudrais être avec eux. J'aurais probablement eu le sort du petit brigadier Leray, mais j'aurais eu le plaisir, avant de mourir, de leur casser la gueule à ces salauds de Boches.

16 avril 1918. Mes parents ont envoyé un colis de cigarettes, de tabac et de cigares à mes camarades au front avec cette adresse :

« H. Guybert, maître pointeur et les servants de la 3e pièce. »

C'est chic.

22 avril 1918. Je suis rayé des contrôles de l'école ! Je ne serai donc pas officier d'artillerie !

C'est une histoire bien banale. Un officier instructeur a cru que je lui disais « merde » en réponse à une question posée et j'avais dit : « Ah ! merde, je suis certain d'avoir raison. »

liaison. Il a été tué en même temps que mon petit cheval. Destinée !

Je viens de rencontrer deux camarades de lycée ici, mon ami Geirre de la même classe que moi au lycée. Il est aspirant, blessé, croix de guerre et était dans une batterie de "37" contre tanks, et mon camarade Chedeau de ma classe aussi, sous-lieutenant et instructeur ici à l'École !

12 avril 1918. Une nouvelle lettre de mon camarade Guybert du 10 avril. Je suis navré et j'ai beaucoup de chagrin : mon pointeur auxiliaire, un brave homme père de famille tué, un "ouvrier en fer" tué le maréchal des logis chef, tué. Le conducteur de devant de ma pièce, blessé… Pendant qu'ils se battent là-bas, moi je suis tranquille ici. Je voudrais être avec eux. J'aurais probablement eu le sort du petit brigadier Leray, mais j'aurais eu le plaisir, avant de mourir, de leur casser la gueule à ces salauds de boches.

16 avril 1918. Mes parents ont envoyé un colis de cigarettes, de tabac et de cigares à mes camarades au front avec cette adresse :

« H. Guybert, maître-pointeur et les servants de la 3ème pièce. »

C'est chic.

22 avril 1918. Je suis rayé des contrôles de l'École ! Je ne serai donc pas officier d'artillerie !

C'est une histoire bien banale. Un officier instructeur a cru que je lui disais : "merde" en réponse à une question posée et j'avais dit : « ah ! merde, je suis certain d'avoir raison ».

Impolitesse envers un officier et naturellement très mauvaise note qui m'élimine du concours. Ce que j'aurais dû faire c'est de ne jamais aller à Fontainebleau parce que maintenant j'ai la certitude que je ne retournerai pas dans le même régiment.

5 mai 1918. J'ai fait une demande pour aller dans l'aviation. Je crois que je me plairai dans cette arme-là. J'en ai parlé à mon frère. Il est au ministère de la Guerre et va pouvoir faire marcher ma demande très vite. Mon père n'est pas content de ma décision.

10 mai 1918. Je suis affecté au Centre d'organisation d'artillerie de campagne à Nemours en Seine-et-Marne. J'y suis depuis hier soir. Personne ne peut vous donner de renseignements ici. J'ai réussi à trouver des couvertures et je me suis couché dans un hangar à céréales. J'attends des ordres !

11 mai 1918. Nous nous sommes débrouillés quelques sous-offs ensemble et nous avons une « popote », c'est le principal ! Le temps passe à prendre la garde de temps en temps à la gare ou être de service « à la tenue » en ville.

15 mai 1918. J'apprends par une carte de mon capitaine que nous avons la fourragère aux couleurs de la médaille militaire, pour une citation pendant l'offensive de la « Malmaison ». J'en ai acheté une ici et je l'arbore fièrement.

21 mai 1918. Je reçois une lettre de monsieur Sinoir que je copie textuellement :

impolitesse envers un officier et naturellement très mauvaise note qui m'élimine du concours. Ce que j'aurais du faire c'est de ne jamais aller à Fontainebleau parce que maintenant j'ai la certitude que je ne retournerai pas dans le même Régiment.

5 Mai 1918. J'ai fait une demande pour aller dans l'aviation. Je crois que je me plairai dans cette arme là. J'en ai parlé à mon frère. Il est au ministère de la guerre et va pouvoir faire marcher ma demande très vite. Mon père n'est pas content de ma décision.

10 Mai 1918. Je suis affecté au Centre d'organisation d'artillerie de campagne à Nemours en Seine et Marne. J'y suis depuis hier soir. Personne ne peut vous donner de renseignements ici. J'ai réussi à trouver des couvertures et je me suis couché dans un hangar à céréales. J'attends des ordres !

11 mai 1918. Nous nous sommes débrouillés quelques sous-offs ensemble et nous avons une "popotte", c'est le principal ! Le temps passe à prendre la garde de temps en temps à la gare ou être de service "à la tenue" en ville

15 Mai 1918. J'apprends par une carte de mon Capitaine que nous avons la fourragère aux couleurs de la Médaille Militaire, pour une citation pendant l'offensive de la "Malmaison". J'en ai acheté une ici et je l'arbore fièrement.

21 Mai 1918. Je reçois une lettre de Monsieur Sirnoir que je copie textuellement :

« Alors mon brave et cher Antoine, vous voici en passe de devenir aviateur. C'est magnifique, c'est même sublime. Mais prenez garde de vous casser le cou ! Je lis en ce moment la vie héroïque de Guynemer. C'est merveilleux. Mais il y a la culbute finale et je ne puis pas empêcher mon affection de préférer une autre arme pour ceux à qui elle s'intéresse. En attendant, le séjour de Nemours semble vous rendre tout à fait idyllique. Heureux âge ! qui passe avec tant d'aisance aux genres les plus différents, tantôt emporté de toute son âme dans les gestes épiques et tantôt jouant du flageolet *sub tegmine fagi* (je suppose que vous entendez encore un peu le latin, malgré le bruit assourdissant du canon). Vous me demandez ce que je deviens dans ce vieux Laval, eh ! je fais comme lui, je continue à devenir vieux. Je ne dirais pas que je soigne mes rhumatismes, car je les méprise, mais enfin je subis de temps en temps leurs avertissements. Je fabrique des bacheliers, ou du moins j'essaie. Voici venir l'époque traditionnelle où la belle jeunesse française va se présenter toute frémissante et ahurie devant nos redoutables tribunaux. Nous allons encore absorber des centaines et des centaines d'élucubrations plus ou moins indigestes. Vous parlez d'un estomac ! Enfin, comme on dit encore, il ne faut pas s'en faire. C'est un temps qui passe et après cela la fuite. La fuite oui, mais point de ces belles vacances paisibles et joyeuses, où l'on oubliait tout souci dans un profond repos. C'est toujours la guerre. Toujours l'obsession des lendemains qui se préparent. De quoi demain sera-t-il fait ?

« Alors mon brave et cher Antoine, vous
« voici en passe de devenir aviateur. C'est magnifique
« c'est même sublime. Mais prenez garde de vous casser
« le cou ! Je lis en ce moment la vie héroïque de Guyne-
« mer. C'est merveilleux – mais il y a la culbute finale
« et je ne puis pas empêcher mon affection de préférer une
« autre arme pour ceux à qui elle s'intéresse. En attendant,
« le séjour de Nemours semble vous rendre tout à fait
« idyllique. Heureux âge ! qui passe avec tant d'aisance
« aux genres les plus différents, tantôt emporté de toute
« son âme dans les gestes épiques et tantôt jouant du
« flageolet, sub tegmine fagi (je suppose que vous enten-
« dez encore un peu le latin, malgré le bruit assourdissant
« du canon) Vous me demandez ce que je deviens dans
« ce vieux Laval, eh ! je fais comme lui, je continue à de-
« venir vieux. Je ne dirai pas que je soigne mes rhumatis-
« mes, car je les méprise, mais enfin je subis de temps
« en temps leurs avertissements. Je fabrique des bache-
« liers, ou du moins j'essaie. Voici venir l'époque tra-
« ditionnelle où la belle jeunesse française va se présen-
« ter toute frémissante et ahurie devant nos redouta-
« bles tribunaux. Nous allons encore absorber des cen-
« taines et des centaines d'élucubrations plus ou moins
« indigestes. Vous parlez d'un estomac ! Enfin, comme
« on dit encore, il ne faut pas s'en faire. C'est un temps
« qui passe et après cela la fuite. La fuite oui, mais
« point de ces belles vacances paisibles et joyeuses, où
« l'on oubliait tout souci dans un profond repos. C'est
« toujours la guerre. Toujours l'obsession des lendemains
« qui se préparent. « De quoi demain sera-t-il fait ? »

» Angoisse interminable ! Je continue en attendant à parcourir nos campagnes pour y prêcher la patience, la résignation, la volonté d'aller jusqu'au bout des privations et des sacrifices nécessaires. J'ai déjà parlé à Saint-Berthevin, à Loiron, à Changé, à Saint-Jean, à Craon, à Andouillé, à Louverné. Dimanche prochain c'est le tour d'Ahuillé. Partout je rencontre des auditoires beaucoup plus faciles qu'on ne pourrait s'imaginer. Tous ces braves gens vibrent pour peu qu'on sache toucher la corde sensible du patriotisme, de la raison et de l'honneur. Il ne faut pas désespérer de l'arrière, ni en dire trop de mal.

» Voilà, mon cher Antoine, les petites nouvelles de chez nous. J'oubliais de vous dire que j'ai eu la visite de Jean Grimod et de sa jeune épouse, retour de Roumanie. C'est un bien gentil couple de tourtereaux. Comme ils étaient dans mon cabinet voici que mon jeune collègue, M. Leroux, professeur de philosophie, m'a amené sa fiancée ! Vous me voyez, moi, le vieux célibataire impénitent au milieu de toutes ces tourterelles ! C'est curieux comme la guerre a développé l'instinct matrimonial. À quand votre tour ? M'est avis qu'il n'y a rien qui vous presse. Mais avec votre esprit aventureux, il ne faudrait jurer de rien… »

. . . .

24 mai 1918. Nous avons pris un bain dans le Loing. L'eau était délicieuse.

28 mai 1918. Nous sommes en voyage. Deux sous-officiers et un adjudant, chef d'un détachement de quarante-cinq hommes, direction /…

« angoisse interminable ! Je continue en attendant à
« parcourir nos campagnes pour y prêcher la patience, la
« résignation, la volonté d'aller jusqu'au bout des priva-
« tions et des sacrifices nécessaires. J'ai déjà parlé à
« St Berthevin, à Loiron, à Changé, à St Jean, à Craon,
« à Andouillé, à Louverné. Dimanche prochain c'est
« le tour d'Ahuillé. Partout je rencontre des auditoires
« beaucoup plus faciles qu'on ne pourrait l'imaginer.
« Tous ces braves gens vibrent pour peu qu'on sache tou-
« cher la corde sensible du patriotisme, de la raison et de
« l'honneur. Il ne faut pas désespérer de l'arrière, ni en
« dire trop de mal.

« Voilà, mon cher Antoine, les petites
« nouvelles de chez nous. J'oubliais de vous dire que j'ai
« eu la visite de Jean Grimod et de sa jeune épouse,
« retour de Roumanie. C'est un bien gentil couple de
« tourtereaux. Comme ils étaient dans mon cabinet voici
« que mon jeune collègue, M. Leroux, professeur de philoso-
« phie m'a amené sa fiancée ! Vous me voyez, moi, le
« vieux célibataire impénitent au milieu de toutes ces
« tourterelles ! C'est curieux comme la guerre a développé
« l'instinct matrimonial. A quand votre tour ? M'est
« avis qu'il n'y a rien qui vous presse. Mais avec votre
« esprit aventureux, il ne faudrait jurer de rien..... »

. . . .

24 mai 1918. Nous avons pris un bain dans le Loing. L'eau était délicieuse.

28 mai 1918. Nous sommes en voyage. Deux sous-officiers et un adjudant, chef d'un détachement de quarante cinq hommes, direction

Bar-sur-Seine…

1er juin 1918. Je suis de retour à Nemours. Au bout d'un jour et demi de voyage nous sommes arrivés à Bar-sur-Seine, mais nous voulions avant de revenir passer par Paris et pour cela il fallait rejoindre Troyes pour prendre l'express de Paris.

Hélas ! Plus d'autobus pour Troyes, plus de tramways. Alors nous arrêtons une camionnette qui passait. On demande au conducteur où il allait.

« À Troyes », dit-il. « Ça va ! », et on monte tous les trois dans l'auto et nous voilà partis vers Troyes pour prendre le train pour Paris.

Notre chauffeur était un vieux colonial à médaille militaire. La voiture, une camionnette Renault. À moitié chemin, catastrophe ! La direction s'est-elle rompue ? En tout cas à la vitesse de quarante ou cinquante kilomètres à l'heure, notre voiture est venue emboutir un des arbres du bord de la route… À partir de ce moment ma mémoire me fait défaut… Je me suis réveillé au bord de la route, au moins un quart d'heure après l'accident, paraît-il. Une femme était en train de me frotter les tempes avec de l'eau de Cologne. J'avais terriblement mal à la tête et j'étais écorché aux oreilles. L'adjudant, lui, avait crevé de sa tête la bâche en toile du haut de la voiture et il était étendu dans un champ à cinq mètres de là – tué sur le coup – mon camarade avait une estafilade au-dessus de l'œil et le pauvre chauffeur le bras droit cassé en deux endroits, un morceau d'os lui sortant par le coude.

Nous avons arrêté un gros camion qui passait. On a hissé le cadavre de l'adjudant, /…

Bar-sur-Seine.....

1er Juin 1918. Je suis de retour à Nemours. Au bout d'un jour et demi de voyage nous sommes arrivés à Bar-sur-Seine, mais nous voulions avant de revenir, passer par Paris et pour cela il fallait rejoindre Troyes pour prendre l'express de Paris. Hélas! plus d'autobus pour Troyes, plus de tramways. Alors nous arrêtons une camionnette qui passait. On demande au conducteur où il allait.

« A Troyes » dit-il - « Ça va! » et on monte tous les trois dans l'auto et nous voilà partis vers Troyes pour prendre le train pour Paris.

Notre chauffeur était un vieux colonial à médaille militaire. La voiture une camionnette Renault. A moitié chemin, catastrophe! La direction s'est-elle rompue? En tous cas à la vitesse de quarante ou cinquante kilomètres à l'heure, notre voiture est venue emboutir un des arbres du bord de la route ..... A partir de ce moment ma mémoire me fait défaut... Je me suis réveillé au bord de la route, au moins un quart d'heure après l'accident, paraît-il. Une femme était en train de me frotter les tempes avec de l'eau de Cologne. J'avais terriblement mal à la tête et j'étais écorché aux oreilles. L'adjudant, lui, avait crevé de sa tête la bâche en toile du haut de la voiture et il était étendu dans un champ à cinq mètres de là - tué sur le coup. — Mon camarade avait une estafilade au dessus de l'oeil et le pauvre chauffeur le bras droit cassé en deux endroits, un morceau d'os lui sortant par le coude.

Nous avons arrêté un gros camion qui passait. On a hissé le cadavre de l'adjudant, et nous voilà tout de même partis vers Troyes.

Arrivés à Troyes, le camion nous a conduits à l'hôpital.

« Accident d'automobile, un adjudant blessé, il faut un brancard », avons-nous dit impérieusement. On a déposé l'adjudant que recouvrait une couverture sur la civière. Le chauffeur est rentré aussi avec son bras en écharpe. Nous avons salué les infirmiers : « Bonsoir, messieurs ! » et nous voilà partis à la gare où nous avons juste eu le temps de prendre le train pour Paris…

Je suis allé chez mon frère. Le lendemain après-midi, j'avais rendez-vous à la gare Montparnasse avec mon camarade et nous avons pris le train pour Nemours.

Le commandant nous fit appeler.

« Ça va mal ! » dis-je à mon copain.

« Qu'est-ce qu'on va prendre, pour l'adjudant ! »

Le commandant nous demande :

« L'adjudant, chef du détachement pour Bar-sur-Seine avec qui vous étiez, est absent. Savez-vous où il est ? »

« Mon commandant, l'adjudant a été blessé dans un accident d'automobile à Bar-sur-Seine alors qu'on s'apprêtait à revenir et nous l'avons fait transporter à l'hôpital de Troyes. »

« Bien, c'est ce que vous deviez faire. /…

et nous voilà tout de même partis vers Troyes.

Arrivés à Troyes, le camion nous a conduit à l'hôpital.

« Accident d'automobile, un adjudant blessé, il faut un brancard » avons nous dit impérieusement. On a déposé l'adjudant qui recouvrait une couverture sur la civière. Le chauffeur est rentré aussi avec son bras en écharpe. Nous avons salué les infirmiers : « Bonsoir, Messieurs ! » et nous voilà partis à la gare où nous avons juste eu le temps de prendre le train pour Paris.........

Je suis allé chez mon frère. Le lendemain après-midi, j'avais rendez-vous à la gare Montparnasse avec mon camarade et nous avons pris le train pour Nemours.

Le commandant nous fit appeler.

« Ça va mal ! » dis-je à mon copain.

« Qu'est-ce qu'on va prendre, pour l'adjudant ! »

Le commandant nous demande :

« L'adjudant, chef du détachement pour Bar-sur-Seine avec qui vous étiez, est absent. Savez vous où il est ? »

« Mon commandant, l'adjudant a été blessé dans un accident d'automobile à Bar-sur-Seine alors qu'on s'apprêtait à revenir et nous l'avons fait transporter à l'hôpital de Troyes. »

« Bien, c'est ce que vous deviez faire

Bonne initiative. Vous ne savez pas autre chose ? »

« Non, mon commandant. »

« Bon, c'est bien, rompez ! »

Jamais nous avons eu à fournir d'autres explications. Voilà comment on peut être tué à l'arrière ! »

2 juin 1918. Vingt-trois de mes camarades et moi sommes désignés pour rejoindre le 257e régiment d'artillerie pour former dans les environs, un nouveau régiment de canons de « 75 à tracteurs ».

6 juin 1918. Nous sommes à Château-Landon, entre Nemours et Montargis pour servir de renfort au 212e régiment d'artillerie à tracteurs et nous devons partir à nouveau au front le 10. C'est charmant. Le bon temps est fini. Enfin ! Il y a deux mois que je suis en sécurité. Je n'ai rien à dire.

8 juin 1918. Je suis nommé sous-officier agent de liaison près le commandant ; encore une fois, je suis heureux de rester dans les mêmes fonctions.

J'ai trouvé une chambre en ville pour deux francs par jour.

12 juin 1918. Je viens de passer une nouvelle visite à Fontainebleau pour l'aviation. Je suis apte.

15 juin 1918. Je reçois une lettre navrante de mon camarade Guybert du 35e. Seul, sur un banc, dans le jardin public, je relis cette lettre :

Bonne initiative. Vous ne savez pas autre chose ? »

« Non, mon Commandant. »

« Bon, c'est bien, rompez ! »

Jamais nous avons eu à fournir d'autres explications. Voilà comment on peut être tué à l'arrière !...

2 Juin 1918. Vingt trois de mes camarades et moi sommes désignés pour rejoindre le 257ème Régiment d'artillerie pour former dans les environs, un nouveau Régiment de canons de "75 à tracteurs"

6 Juin 1918. Nous sommes à Château-Landon, entre Nemours et Montargis pour servir de renfort au 212ème Régiment d'artillerie à tracteurs et nous devons partir à nouveau au Front le 10. C'est charmant. Le bon temps est fini. Enfin ! il y a deux mois que je suis en sécurité. Je n'ai rien à dire.

8 Juin 1918. Je suis nommé Sous-officier agent de liaison près le Commandant, encore une fois, je suis heureux de rester dans les mêmes fonctions.

J'ai trouvé une chambre en ville pour deux francs par jour.

12 Juin 1918. Je viens de passer une nouvelle visite à Fontainebleau pour l'aviation. Je suis apte.

15 juin 1918. Je reçois une lettre navrante de mon camarade Guybert du 35ème. Seul, sur un banc, dans le jardin public, je relis cette lettre :

« Mon cher Antoine, que dois-tu penser de moi ? Voilà deux mots de toi que je reçois et je ne t'ai pas encore rendu réponse. Pourtant, j'espère que tu ne m'en voudras pas, car tu dois bien penser que nous venons de traverser une de ces périodes critiques qui semblent être notre apanage depuis un moment. Attaqués le 27 mai, nous fûmes littéralement écrasés. On tira jusqu'à la dernière minute, alors que les Boches n'étaient plus qu'à deux cents mètres de la position et qu'il n'y avait plus de fantassins devant nous. Pendant plus de trois kilomètres nous dûmes traverser leur barrage et le soir à l'appel, vingt-sept copains manquaient. Je n'ai pas besoin de te dire que toutes nos pièces ont été abandonnées. Ce fut terrible et je me demande comment j'ai pu en sortir. Enfin, maintenant, ça va mieux. On est à l'arrière. Mais qui sait ? Peut-être pas pour bien longtemps... La liste des manquants est longue. Je vais t'en citer quelques-uns de notre pièce : Diverrès, tué, Lescop, Ottavy, Jolivet, Le Goff, blessés. Le Déan, blessé. Pineau, Rousseleau, Arnoux, Mescam, Dantec, Charbonneau, Miossec, Lamour, J.-P. Quéré, Edmond Guybert et Even disparus... enfin, ce brave Mauriac disparu aussi. Tu vois quelle débâcle ! Voilà tout ce que je sais. Je te quitte et t'adresse toutes les amitiés des survivants de la pièce qui comme moi sont en bonne santé.

» Ton vieux copain : H. Guybert. »

« Mon cher Antoine, que dois-tu penser de moi ? Voilà deux « mots de toi que je reçois et je ne t'ai pas encore rendu « réponse. Pourtant j'espère que tu ne m'en voudras pas, car tu « dois bien penser que nous venons de traverser une de ces péri- « odes critiques qui semble être notre apanage depuis un mo- « ment. Attaqués le 27 mai, nous fûmes littéralement écrasés. « On tira jusqu'à la dernière minute, alors que les boches « n'étaient plus qu'à deux cents mètres de la position et qu'il « n'y avait plus de fantassins devant nous. Pendant plus de « trois kilomètres nous dûmes traverser leur barrage et le « soir à l'appel, vingt-sept copains manquaient. Je n'ai pas « besoin de te dire que toutes nos pièces ont été abandonnées. « Ce fut terrible et je me demande comment j'ai pu en sortir. « Enfin maintenant, ça va mieux. On est à l'arrière. Mais « qui sait ? Peut-être pas pour bien longtemps... La liste des man- « quants est longue. Je vais t'en citer quelques-uns de notre pièce : « Diverrès, tué, Lescop, Ottavy, Jolivet, Le Goff, blessés. Le Déan, « blessé. Pineau, Rousseleau, Arnour, Mescam, Dantec, Char- « bonneau, Miossec, Lamour, J. P. Quéré, Edmond Guybert et « Even, disparus... enfin, ce brave Mauriac disparu aussi. « Tu vois quelle débacle !.. Voilà tout ce que je sais. Je te quitte « et t'adresse toutes les amitiés des survivants de la pièce, qui « comme moi, sont en bonne santé.

« Ton vieux copain : H. Guybert. »

Le retour au front.
Encore les gaz !

19 juin 1918. Nous partons demain pour le front. C'est dur de remonter encore une fois là-haut. C'est peut-être la dernière fois. Espérons-le !

21 juin 1918. Nous sommes en route. Les étapes en auto ne sont pas fatigantes. Les canons sont sur des tracteurs ou tirés par des camions sur des remorques. Les servants sont dans les camions. Les officiers et les sous-officiers sont dans des torpédos Ford. Nous faisons des étapes de quatre-vingt-cinq kilomètres au lieu de quarante à cheval, mais quelle poussière ! Nous sommes sous les ordres du général Maistre.

....Nous faisons des étapes de 85 Kms.. mais quelle poussière !—

Le retour au Front.
Encore les gaz !

19 juin 1918. Nous partons demain pour le Front. C'est dur de remonter encore une fois là haut. C'est peut être la dernière fois. Espérons-le !

21 juin 1918. Nous sommes en route. Les étapes en auto ne sont pas fatigantes. Les canons sont sur des tracteurs ou tirés par des camions, sur des remorques. Les servants sont dans les camions. Les officiers et les sous-officiers sont dans des torpédos Ford. Nous faisons des étapes de quatre vingt cinq kilomètres au lieu de quarante à cheval, mais quelle poussière ! Nous sommes sous les ordres du Général Maistre.

24 juin 1918. Nous voilà de nouveau en position ! Je suis installé dans une sape, sans air, humide et puante et pour combien de temps ?... Nous n'avons pas d'eau, mais nous avons des lits, des draps, des chaises, tout cela chipé dans les pauvres maisons démolies du village à notre droite.

25 juin 1918. Reims, devant nous, fume. Quelques maisons brûlent. La cathédrale délabrée se dresse encore au milieu des ruines. C'est triste... Je suis dans ma sape qui sent le pourri. Quand vivrai-je au grand air ? Quand vivrai-je en sécurité ?...

26 juin 1918. Le commandant vient de me donner l'ordre d'aller faire un relevé rapide du terrain aux alentours de la position et de marquer sur une carte les emplacements de batteries abandonnés et compter, si possible, les abris à explosifs. J'y vais, heureux de sortir un peu.

J'ai déjà repéré pas mal d'abris à obus et je les marque sur ma carte. Les Boches sont calmes et canardent, mais très loin. Quelques obus de « 150 » éclatent sur la crête derrière moi...

Soudain un sifflement... une explosion. Je me baisse, mais je reçois sur la tête et sur le dos une quantité importante de terre et de cailloux. Ça n'a pas dû tomber loin. Ma main avec laquelle je viens de me frotter le cou et la nuque est pleine de sang. J'ai dû être éraflé par une pierre. Je suis un peu abruti... Je me faufile dans un abri abandonné. Pourvu qu'ils ne marmitent pas ce coin-là !... Mais que se passe-t-il ? Des obus qui n'éclatent pas ?...

24 Juin 1918. Nous voilà de nouveau en position ! Je suis installé dans une sape, sans air, humide et puante et pour combien de temps !.... nous n'avons pas d'eau, mais nous avons des lits, des draps, des chaises, tout cela chipé dans les pauvres maisons démolies du village à notre droite.

25 Juin 1918. Reims devant nous, fume. Quelques maisons brûlent. La cathédrale délabrée se dresse encore au milieu des ruines. C'est triste.... Je suis dans ma sape qui sent le pourri. Quand vivrai-je au grand air ? quand vivrai-je en sécurité ?......

26 juin 1918. Le commandant vient de me donner l'ordre d'aller faire un relevé rapide du terrain aux alentours de la position et de marquer sur une carte les emplacements de batteries abandonnés et de compter, si possible, les abris à explosifs. — J'y vais, heureux de sortir un peu.

J'ai déjà repéré pas mal d'abris à obus et je les marque sur ma carte. Les boches sont calmes et canardent, mais très loin. Quelques obus de "150" éclatent sur la crête derrière moi......

Soudain un sifflement .. une explosion. Je me baisse, mais je reçois sur la tête et sur le dos une quantité importante de terre et de cailloux. Ça n'a pas dû tomber loin. Ma main avec laquelle je viens de me frotter le cou et la nuque est pleine de sang. J'ai dû être éraflé par une pierre. Je suis un peu abruti... Je me faufile dans un abri abandonné. Pourvu qu'ils ne marmitent pas ce coin là !... Mais que se passe-t-il ? Des obus qui n'éclatent pas ?....

J'entends des sifflements, puis « floc floc »... Les gaz peut-être ? Je sors de mon abri. « Pss... floc »... « pss... floc »... Ce sont des obus à gaz ! Mon masque, vite ! Je n'en ai pas, je l'ai oublié. Je prends mon mouchoir et je me le tamponne sur le nez. Mon Dieu que ça sent mauvais ! Qu'est-ce que c'est que ces gaz-là ?...

Je me faufile dans les « boyaux », je saute des trous d'obus. Je me dépêche tant que je peux pour retrouver la batterie...

Pss... floc... pss... floc... encore, encore !... et les vents sont d'est, comme toujours !... et la nappe de gaz va vers la batterie... Je suis bon !... J'arrive à la batterie. Tous les copains ont leur masque. Je prends le mien, mais qu'est-ce que j'ai pris ! Je tousse, je crache et j'ai une envie terrible de vomir. Je ne peux pas conserver mon masque sur la figure.

27 juin 1918. Je suis à l'échelon. Je suis malade. J'ai de la fièvre et j'ai des vomissements. On me donne du lait. J'aime bien cela.

30 juin 1918. Je suis remonté à la batterie. Le major a dit que j'étais guéri et que je pouvais reprendre mon service. Je vais un peu mieux en effet, mais je tousse.

Il fait très beau. Des avions nous survolent. Les camarades ont été chercher du champagne à Reims, dans les grandes caves abandonnées, avec une petite voiture de « Planteur de Caïffa ». Ils en ont rapporté cinquante demi-bouteilles. Mais il est mauvais et nous sommes roulés !

J'entends des sifflements, puis "floc" "floc"... Les gaz peut être ! Je sors de mon abri : "Pss... floc"... "Pss... floc"... Ce sont des obus à gaz ! Mon masque, vite ! Je n'en ai pas, je l'ai oublié. Je prends mon mouchoir et je me le tamponne sur le nez. Mon Dieu que ça sent mauvais ! Qu'est-ce que c'est que ces gaz là ?....

Je me faufile dans les boyaux, je saute des trous d'obus. Je me dépêche tant que je peux pour retrouver la batterie...

Pss... floc ..... Pss .... floc ... encore, encore !... ... et les vents sont d'est, comme toujours ! .... et la nappe de gaz va vers la batterie ... Je suis bon !.. J'arrive à la batterie. Tous les copains ont leur masques. Je prends le mien, mais qu'est-ce que j'ai pris ! Je tousse, je crache et j'ai une envie terrible de vomir. Je ne peux pas conserver mon masque sur la figure.

27 Juin 1918. Je suis à l'échelon. Je suis malade. J'ai de la fièvre et j'ai des vomissements. On me donne du lait. J'aime bien cela.

30 Juin 1918. Je suis remonté à la batterie. Le major a dit que j'étais guéri et que je pouvais reprendre mon service. Je vais un peu mieux en effet, mais je tousse.

Il fait très beau. Des avions nous survolent. Les camarades ont été chercher du champagne à Reims, dans les grandes caves abandonnées, avec une petite voiture de "Planteur de Caïffa". Ils en ont rapporté cinquante demies-bouteilles. Mais il est mauvais et nous sommes roulés !

« Que faire de mieux, puisque nous ne pouvons rien faire de plus », aurait dit Mauriac.

J'ai un bon camarade ici, le fils du directeur du théâtre des Variétés de Toulouse. Mais ce n'est pas le même genre que Mauriac. Il n'y avait qu'un seul Mauriac et Mauriac est mort.

4 juillet 1918. Je ne vais pas fort. Je ne fais que vomir et souffre de la tête. Le cuisinier a perdu sa marmite et il nous a apporté la soupe dans un magnifique seau hygiénique en faïence blanche avec une anse en rotin. Je n'ai pas pu manger la soupe. La vue de ce seau, qui n'a jamais servi, au dire de notre cuisinier, m'a soulevé le cœur !... Les camarades moins sensibles ont mangé la soupe...

« Que faire de mieux, puisque nous ne pouvons rien faire de plus » aurait dit Mauriac.

J'ai un bon camarade ici, le fils du Directeur du théâtre des Variétés de Toulouse. Mais ce n'est pas le même genre que Mauriac. Il n'y avait qu'un seul Mauriac et Mauriac est mort.

4 juillet 1918. Je ne vais pas fort. Je ne fais que vomir et souffre de la tête. Le cuisinier a perdu sa marmite et il nous a apporté la soupe dans un magnifique seau hygiénique en faïence blanche avec une anse en rotin. Je n'ai pas pu manger la soupe. La vue de ce seau, qui n'a jamais servi, au dire de notre cuisinier, m'a soulevé le cœur !... Les camarades moins sensibles ont mangé la soupe.....

Poste de secours.
C'est fini…

8 juillet 1918. Je suis évacué sur l'ambulance de Montchenot pour commotion cérébrale, intoxication par gaz délétères et céphalée persistante. Il est deux heures du matin. On m'a emporté sur un brancard, car je ne tiens pas debout, dans une auto américaine. Puis, changement. On m'a retrimballé à l'ambulance de Louvois, où je suis arrivé à trois heures du matin. L'ambulance est installée dans une auberge en ruine. Il y avait un jeune major de garde qui en voyant ma fiche d'évacuation et l'adresse

L'ambulance est installée dans une auberge en ruines

Poste de Secours.

C'est fini....

8 Juillet 1918. Je suis évacué sur l'ambulance de Montchenand pour commotion cérébrale, intoxication par gaz délètères et céphalée persistante. Il est deux heures du matin, on m'a emporté sur un brancard, car je ne tiens pas debout, dans une auto américaine. Puis, changement. On m'a retrimbalé à l'ambulance de Louvois, où je suis arrivé à trois heures du matin. L'ambulance est installée dans une auberge en ruines. Il y avait un jeune major de garde qui en voyant ma fiche d'évacuation et l'adresse

de mes parents m'a demandé si j'étais bien le fils du docteur Dupré de Laval. Il a été très gentil et m'a fait évacuer sur l'hôpital de Châlons-sur-Marne, vers cinq heures du matin. Il m'a donné un petit mot pour papa.

9 juillet 1918. Je suis en ce moment dans un lit à l'ambulance 16/16 à l'hôpital Février à Châlons-sur-Marne. J'ai vu le major qui a passé très vite la visite ce matin. Il paraît que j'ai 39. J'ai surtout très mal à la tête.

11 juillet 1918. Il y a beaucoup de blessés dans la salle où je suis. Il y a aussi quatre Américains dont un est amputé.

12 juillet 1918. La nuit dernière a été terrible. C'est le cauchemar qui recommence…

… Les avions boches sont venus et ont bombardé tout Châlons. Ils ont jeté des bombes sur l'ambulance où je suis. J'étais dans mon lit avec un terrible mal de tête et il m'aurait été impossible de me lever. D'ailleurs pour quoi faire ? Ceux qui pouvaient se lever ont été dirigés vers un abri souterrain dans le milieu du jardin de l'hôpital. Mais je crois que ce n'est pas bien solide et on est aussi bien ici. Il paraît qu'une bombe est tombée sur une des salles d'un bâtiment de l'hôpital. Il y a un mort et plusieurs blessés, blessés à nouveau, dans leur lit… C'est affreux.

Aujourd'hui le major a l'air affolé. Il a mis son casque. Les infirmières courent de droite et de gauche… Pourvu qu'ils ne reviennent pas cette nuit !

. . . .

de mes parents m'a demandé si j'étais bien le fils du Docteur Dupré de Laval. Il a été très gentil et m'a fait évacuer sur l'hôpital de Châlons-sur-Marne, vers cinq heures du matin. Il m'a donné un petit mot pour Papa.

9 Juillet 1918. Je suis en ce moment dans un lit à l'ambulance 16/16 à l'Hôpital Février à Châlons sur Marne. J'ai vu le major qui a passé très vite la visite ce matin. Il paraît que j'ai 39. J'ai surtout très mal à la tête.

11 Juillet 1918. Il y a beaucoup de blessés dans la salle où je suis. Il y a aussi quatre Américains dont un est amputé.

12 Juillet 1918. La nuit dernière a été terrible. C'est le cauchemard qui recommence........

.... Les avions boches sont venus et ont bombardé tout Châlons. Ils ont jeté des bombes sur l'ambulance où je suis. J'étais dans mon lit avec un terrible mal de tête et il m'aurait été impossible de me lever. D'ailleurs pourquoi faire? Ceux qui pouvaient se lever ont été dirigé vers un abri souterrain dans le milieu du jardin de l'hôpital. Mais je crois que ce n'est pas bien solide et on est aussi bien ici. Il paraît qu'une bombe est tombée sur une des salles d'un bâtiment de l'hôpital. Il y a un mort et plusieurs blessés, blessés à nouveau, dans leur lit... c'est affreux.

Aujourd'hui le Major a l'air affolé. Il a mis son casque. Les infirmières courent de droite et de gauche... Pourvu qu'ils ne reviennent pas cette nuit!

- -

511-465-1917.

Un cordial et très affectueux souvenir
d'un de ses anciens petits malades
au Docteur Dupré de Laval.

Pierre Rosset.

fils de l'Économe du Lycée de Laval.
1897 à 1901.

P. Rosset.
Méd. Aide Major

Ambulance 5/22
Secteur 11

8 Juillet 1918.

.... Le major m'a donné un petit mot pour Papa ....

Doc. 2

19 juillet 1918. Je pars en convalescence de vingt jours. Je suis guéri.

Je quitte sans regret l'ambulance. Il paraît que les Boches ont manqué une grande offensive le 14 juillet. Nous n'avons pas les journaux.

J'ai demandé ma convalescence pour Hermanville-sur-Mer où mes parents doivent passer quelques jours. Mon frère sera là aussi. Nous serons bien au bord de la mer, dans le calme !

Pourvu que j'y reste bien longtemps !...

....

19 Juillet 1918. Je pars en convalescence de vingt jours. Je suis guéri.

Je quitte sans regret l'ambulance. Il paraît que les boches ont manqué une grande offensive le 14 juillet. Nous n'avons pas les journaux.

J'ai demandé ma convalescence pour Hermanville-sur-Mer où mes parents doivent passer quelques jours. Mon frère sera là aussi. Nous serons bien au bord de la mer, dans le calme !

Pourvu que j'y reste bien longtemps !.......

....

"Spad" 180 chevaux.
Châteauroux _ Nov. 18.

Table des matières

Dépôt légal : octobre 2013
N° d'impression :
ISBN : 978-2-7499-2088-7
LAF : 1639